MBC FM 「가요응접실」 가족 엮음

우리는 무엇으로 사는가

MBC FM 「오미희의 가요응접실」에 비친 '꽃보다 귀한 그대'
영화 박하사탕의 주인공처럼 사람들이 엮어가는 아름다운 삶의 이야기

전예원

서 문

　며칠 전, 이 책에 실을 사진을 찍을 때의 일입니다. 그날 저희들은 이 세상에서 가장 힘든 직업이 모델이 아닌가 하는 생각을 갖게 되었어요. 그 몇 장 안 되는 스냅사진을 찍는 일이 왜 이렇게 어색하고, 민망스럽던지….

　살아가면서 늘어가는 게 있다면 바로 이런 일들이 아닐까 싶습니다. '앞으로 다시는 그런 거 하지 말아야지' 하는 거 말예요. 하지만 언제 또 다시 스튜디오 안에서 벌을 서는 아이처럼 포즈를 잡고 사진을 찍게 될 줄은 아무도 모르는 일일 겁니다.

　아무도 모르는 일―. 우리가 살아가는 일이 그런 게 아닌가 합니다. 사진을 찍고 싶지 않다는 생각과는 달리 조금이라도 더 잘 나오게 하려고 자세를 취해주듯 살아가는 일 또한 그런 거겠지요. 좋아서 하는 것만은 아니라는 점. 죽기보다 싫은 일이지만 그래도 해야만 된다는 점. 이렇게 살기는 정말 싫은데 어쩔 수 없이 그렇게 살 수 밖에 없는 점.

　그래서 더 빛나 보이고, 더 돋보이는 사람들이 그런 자신의 살아가는 모습을 감히 공개할 수 있는 아름다운 사연들의 주인공일 것입니다.

어쩌면 그렇게 기막힌 사연이 많은지, 세상에 어떻게 이런 일이 있을 수 있는지, 저희들은 그들이 보내준 사연을 통해서 새삼 인생을 배우고 공부하게 됩니다.

그러면서 이런 사람도 세상을 원망하지 않고 살아가고 있구나. 인간의 마음이 이렇게 아름다울 수도 있는 거로구나. 새삼 깨우치고 느끼면서 자신을 점점 더 낮춰가게 됩니다.

그런 아름다운 경험을 함께 나누고 싶어서, 그냥 한 순간 듣고 넘기기에는 사연들이 너무 좋아서, 아까워서 모아본 이 한 권의 책. 이 책 안에는 바로 당신의 이런 소중한 모습들이 들어 있습니다.

…어쩌면 이렇게 나하고 사는 게 똑 같을까? 나지막한 소리로 이렇게 중얼거리게 될 그 짧은 순간의 위로를 위해서, 아름다운 사색을 위해서 새 천년이 열리는 길목에서 감히 여러분 앞에 이 책을 내놓습니다.

새 천년 새 해를 맞으며

『MBC FM 가요응접실』
오미희(퍼스낼리티) · 조순미(PD) 씀

차 례

서 문 ······ 3

제1부 사람은 무엇으로 사는가

어제 오늘 그리고 (1)

내 마음속의 피아노 ······ 13
그래도 세상은 아름답다 ······ 15
희망이 무어냐고 물으신다면 ······ 17
아들과 친구처럼 ······ 19
꿈을 꾸며 살아야 하는 이유 ······ 21
인생은 단막극이라던가 ······ 23
꽃들에게 다짐하며 ······ 25
내일이 있어 더 행복한 밤 ······ 27
파란 모니터 ······ 30
아가 방의 커튼을 만들 때 ······ 32
희망이란 이름 ······ 35
어머니에 대한 멍울 ······ 37
험한 세상 다리가 되어 ······ 39
구멍난 속옷 ······ 41
작은 서재가 하나 있는 집 ······ 43
그리움과 아쉬움은 한숨이 되어 ······ 45

꿈조각을 줍는 '문학 아줌마' …… 47
마늘 장아찌 …… 49
여자는 약해도 엄마는 강하다 …… 51
문패를 달게 되는 날 …… 54
작고 초라한 소원 …… 56
마음을 닦는 방법에 대하여 …… 59
아버지에 대한 미움을 넘어 …… 61
우리가 서로 사랑한다는 것은 …… 63
그림밖에는 모르는 남편 …… 66
세 발 자전거 …… 68
어느 날의 해프닝 …… 71
도넛 속의 남동생 …… 73
첫 그림이 완성되는 날 …… 76
새벽별을 보며 …… 78
민정이 엄마 …… 80
아버지의 손을 잡고 …… 83
굴뚝에서 태어난 딸에게 …… 86
엄마의 이름을 다시 찾던 날 …… 88
네 딸을 두고 떠난 어머니 …… 90
어제와 다른 오늘이 있어 …… 92
엄마 없이 크는 아이들 …… 94
마음으로 전하는 말 …… 96
아름다운 화해를 위해 …… 98

제 2 부 동화처럼 살 수는 없을까

어제 오늘 그리고(2)

진주 같은 눈물 …… 103
사랑은 간직하는 것 …… 106

그리움에 대하여 …… 108
마지막 사랑 …… 110
오빠라 부르지 못한 세월 …… 113
선생님의 두 모습 …… 116
큰아버님과의 약속 …… 119
아들을 양자로 보내고 …… 121
어머니와 언니 …… 123
어머니의 모습 …… 125
하얀 마음 푸른 하늘 …… 128
인생이 진정 아름다울 수 있는 것은 …… 130
작은 웃음 속의 큰 행복 …… 132
세상에서 가장 아름답고 강한 것 …… 134
사랑을 배우며 베풀며 …… 137
아내 머리를 감겨주며 …… 139
떨이 인생은 되지 말자 …… 142
누나의 목걸이 …… 145
가족의 의미 …… 147
때늦은 화해 …… 149
사랑의 눈빛 …… 151
며느리도 자식이라고 …… 153
외로운 서른잔치 …… 155
다운이의 체온 …… 158
아버지의 외길 인생 …… 160
나의 소망은 절망을 잊는 것 …… 163
부모님의 큰 뜻 …… 165
나의 고향 동강 …… 168
살며 사랑하며 아끼며 …… 170
7년 동안의 기다림 …… 172
헌 비닐 우산을 보며 …… 174

소망의 집 …… 176
단둘이 홀로 서기 …… 179
사과꽃 향기 …… 181
엄마의 보물창고 …… 183
여름밤에 내리는 비 …… 186
나신이 무너지고 있다고 느낄 때면 …… 189

제3부 사람이 이렇게 아름다울 수 있을까
꽃보다 귀한 그대

엄마의 신발 …… 193
사람이 이렇게 아름다울 수 있을까 …… 195
며늘애 머리를 만지면서 …… 197
꽃동네 수녀 …… 199
웃으며 흘리는 눈물 …… 201
정이의 마음 …… 203
공원 벤치에서 헤어진 당신 …… 204
어머니의 모습 …… 206
하늘을 보라 하시던 선생님 …… 207
꽃보다 귀한 딸인데 …… 209
선술집에서 나눈 약속 …… 210
햅쌀 반 포대 …… 212
노오란 후리지아꽃처럼 …… 214
초록이의 세상 …… 216
따끈한 두부를 보면 …… 218
찰 옥수수 속의 눈물 …… 220
초록색 장화 …… 222
부치지 못한 편지 …… 224
고등학교 수위아저씨 …… 226

소희엄마 …… 228
분홍색 반짝이 별 …… 230
메추리 새끼들 …… 232
삶의 무게 …… 234
새 어머니의 사랑 …… 236
참외 봉지 …… 238
영어 선생님 …… 240
떡집 동서 …… 242
공연장으로 가는 마음 …… 244
지혜의 마음 …… 246
엄마의 낡은 손가방 …… 248
방직공장 선생님 …… 250
당신의 여자 …… 252
결혼 10년만에 다시 쓰는 연애편지 …… 254
노란 금반지 …… 256
천사 같은 아랫동서 …… 258
저 터널 끝에만 가면 …… 260
어린아이 같은 순수함으로 …… 262
엄마의 자리 …… 263
큰 형님의 모습 …… 264
누나의 편지 …… 266
남편의 첫 편지 …… 267
아내의 양산 하나 …… 268
놀이방 선생님 …… 270
불쌍한 사람 …… 272
어머니 같은 스승 …… 274
봄이 되길 얼마나 기다렸는지요 …… 275
아름다운 그림 …… 277
아버지의 사랑 앞에 …… 279

제 1 부

사람은 무엇으로 사는가
어제 오늘 그리고(1)

내 마음속의 피아노

충북 청주시 남문로 연희선씨의 사연입니다.

제가 피아노를 접했던 것이 초등학교 3학년 때였어요. 그 이전까진 종이 건반을 사다가 연습을 하곤 했었지요. 그러다가 피아노 학원에 처음으로 다니게 되었는데, 전 그 날 피아노 학원 문을 열고 들어설 때의 그 감격을 지금껏 잊지 못하고 있어요.

40분만 치면 집에 가도 됐건만 전 4시간을 피아노에 매달려도 싫증이 나지 않았어요. 그렇게 고등학교 1학년 때까지 피아노를 쳤습니다. 하지만 피아노와 함께 한 행복은 오래 가질 못했어요. 점점 어려워지는 집안 형편에 피아노만이 저의 유일한 도피처였는데…. 우린 그 피아노를 팔아야만 했습니다. 집을 줄여 이사를 가야 했고, 그 이사갈 집에는 피아노를 들여놓을 자리도 없지만 피아노를 판돈도 필요했으니까요.

음악처럼 시처럼 살고 싶었던 저의 희망은 피아노의 처분과 끝나버렸습니다. 그 다음부터는 하루하루가 삶과의 전쟁이었죠. 그러나 그런 순간에도 제 마음속에서는 피아노의 선율과 아름다운 합창소리가 끊이질 않고 들려왔습니다. 지금까지도요.

아마 제가 그때 계속해서 피아노를 했더라면 지금쯤 피아노를 아주 지긋지긋하게 여기며 살는지도 모르지요. 하지만 아직까지 피아노를 사진 못한 채 하루하루 사는 일에 급급한 제겐 아직도 꿈이 있답니다.

숲 속에 있는 것처럼 여겨지도록 초록빛깔로 페인트칠을 한 피아노 교실—. 그 피아노 교실 정 중앙에는 하얀 빛깔의 그랜드 피아노가 놓여 있고 한 세 개쯤 되는 방에는 나무빛깔의 피아노가 있는… 그리고 창문을 열어놓으면 그 바람에 팔랑팔랑 흔들리는 하얀색의 커튼이 있는 그런 피아노 교실을 하나 꾸미는 거예요. 그래서 저처럼 할 수 없이 피아노를 그만 둘 수밖에 없는, 그러나 피아노 치기를 정말 좋아하는 이들에게 한 개의 피아노를 무료로 내어주는 겁니다. 그리고 저는 그 교실에서 원 없이 피아노를 치고….

피아노를 팔게 되는 삶의 어려움 따위는 다시 겪게 되는 일이 없는 그런 낭만적인 삶을 꿈꿔 보지요. 그 꿈이 언제쯤 이루어질지는 모르지만….

그래도 세상은 아름답다

서울 강동구 명일동 이금옥씨의 사연입니다.

갈 길이 서로 달라야 했던 사람들끼리의 인연, 그 인연이 이렇게 질길 줄이야. 새삼 고갤 들어 옛일을 더듬게 되네요. 정말 남녀의 인연이란 만나는 것보다 헤어지는 일이 더 어렵더군요.

그 남자와 저와의 사이에 있어 잘못된 일이란, 어느 날 정말 우연찮게 날아와 꽂힌 큐피드의 화살, 그 것밖에 없었던 것 같은데… 그 사이 전 아주 세상을 다 살아버린 것처럼 웃음도 울음도 잃어버린 사람이 되어 버렸습니다.

왜 그럴 때 있죠? 지금까지 모르고 있던 사실들이 어느 날 한꺼번에 이해가 될 때 말이죠. 그 동안 제가 그랬어요.

소설 속에나 나오는 얘긴 줄 알았던 삶을 포기하는 행위도 경험해 봤고, 다른 사람이 아니라 바로 제가 말이죠. 남의 일인 줄만 알았던 매맞는 아내도 되어 봤습니다.

불행에는 예외라는 것이 없더군요. 그런 줄도 모르고 나는 아니겠지, 방치해 둔 채로 살아온 어제의 나날들. 하지만 이젠 한때 세상을 포기하고 싶었고, 사는 것을 그만 두고 싶었던 저를 탓하고 있습니다.

그래도 세상은 아름답다는 생각이 들곤 해요.

이제 제 나이 마흔 하나. 살아온 날들보다 살아갈 날들이 훨씬 짧을지는 몰라도, 그래도 용기는 잃지 않으려고 합니다. 비록 고통스러운 날들이었지만 그로 인해 잃은 것만 있었다고는 할 수 없거든요. 분명 얻은 것도 있으리라 생각됩니다.

비싼 대가를 치르고 얻은 그 소중한 것들을 그냥 두어서는 안 된다는 생각이 들어요. 잘 견디어 내야 하겠지요. 서러운 눈물 가슴에 묻고 다시 살아보려는 마음, 그 마음을 다잡고자 이렇게 글로 다짐해봅니다.

희망이 무어냐고 물으신다면

서울 강남구 도곡 1동 한상화씨의 사연입니다.

 기저귀를 탁탁 털어 봄 햇살에 널어놓고 돌아서니 말끔히 치어진 방안에 모처럼 한가로움이 찾아듭니다.
 기저귀를 빠느라 힘을 쓴 어깨가 뻐근해져 오네요. 그렇다고 제 아이를 생각하는 마음이 유별나서 종이 기저귀를 안 쓰고 일일이 빨아대야 하는 천 기저귀를 쓰는 건 아니에요. 지금 제게 있어선 종이 기저귀는 허영이고 사치일 뿐이기 때문이죠.
 벌거벗고 시작한 결혼생활—.
 대출금 갚고, 적금 붓고, 보험료 내고, 이리저리 쪼개 쓰고 나면, 언제나 빠듯한 살림살이—. 빈손으로 시작했었기에 처음부터 각오했던 생활이었지만 참 힘이 듭니다. 그래서 아주 가끔은 내일을 잊고 싶은 유혹에 오늘 하루 기분 좀 내볼까 하는 마음도 없지 않지만요, 오늘 이 돈을 쓰고 나면 내일은 무엇으로 살까라는 현실이 그때마다 찬물을 끼얹곤 하죠.
 그래서 우리 부부는 친구를 불러 하루 저녁 기분 좋게 놀아보고 싶은 마음도 꾹꾹 참아야 하고, 저 소라색 스웨터 한 번 입어 봤으면 하는 유혹도 과감히 뿌리쳐야만 합니다. 생활이 너무 빠듯하니깐요.
 그 때문에 가끔은 숨통이 조여오기도 하지만, 지금보다 더 나아질지 모르는 내일이 있기에 그 내일을 바라보며 꿋꿋이 살아가고 있지요.

그런 내게 누군가가 꿈을 물어 온다면, 희망이 무엇이냐고 물어 온다면, 제 꿈은 '5만 원입니다'라고 말할 겁니다.

우리 남편 지갑에 만 원 짜리 다섯 장만 넣고 다니도록 했으면 소원이 더 없을 것 같아서요. 요즘 저의 남편 지갑 사정은 그 한계가 2만원이거든요. 그것도 용돈을 타 가는 월요일에만요. 그래도 불평 한 마디 하지 않는 남편—. 그것이 제 가슴을 더 아프게 한다는 걸 남편은 모를 겁니다.

하지만요, 전 믿습니다. 언젠가는 남편의 지갑에 만 원 짜리 다섯 장을 넣어줄 수 있으리라는 것을….

아들과 친구처럼

<u>서울 서초구 반포 1동 장미은씨의 사연입니다.</u>

옛일을 돌이켜보자니 마치 그 사람이 살아 있기라도 한 양 마음이 설레네요.

저흰 사내 커플이었습니다. 일도 열심히, 연애도 열심히 하다 8년 전 결혼을 했었지요. 8년 후에 저 혼자 살게 되리라는 운명, 왜 그 땐 그 운명을 감지조차 못했을까요. 그리고 우린 아들을 얻게 되었습니다. 지금 생각해 보니 그 때가 참 행복했었던 것 같아요. 그런데 그 땐 왜 그 행복을 느끼지 못했는지….

직장생활을 해 나가면서 힘들게 낳아 키운 아들 주석이가 한참 예쁜 짓을 할 나이가 되었을 때였습니다. 평소 위가 좋지 않다라는 건 알고 있었어도 그게 위암에, 그것도 손도 써 볼 수 없을 만큼 말기에 이르렀다는 사실은 꿈에서조차 생각해 볼 수 없던 끔찍한 일이었습니다. 그렇게 그 사람은 갔습니다. 그 사람은 병명을 알고 3개월만에 갔습니다. 어느새 그 이가 간 지 5주년이 됩니다.

당신 입사할 때 첫눈에 반했노라며, 당신만 있으면 인생이 달라질 것 같다면서 청혼한 남자―. 열심히 살다 늙으면 우리 손잡고 다정히 세계여행을 떠나자던 남자―. 남편을 잃은 것도 끔찍했지만 그보다 더 끔찍했던 일은 아들마저 제게서 빼앗아가려 했을 때였습니다.

　젊은 여자가 어떻게 혼자 살겠는가, 앞길이 구만리 같은 네가, 그건 안 되는 일이다. 아들이 사라지자 며느리는 철저한 이방인이었습니다. 차라리 네가 살아볼 만큼 살아보다 손들면 그 땐 우리가 책임지마. 시부모님으로부터 이런 말을 듣고 이내 따라죽고 싶을 만큼 고통스러웠던 그 때, 제 편은 아무도 없었습니다. 그러나 이젠 모두 다 지난 일이지요.
　지금 전 딱 한 가지를 후회합니다. 이럴 줄 알았으면 항암치료 들어가기 전에 아이 하나 더 얻을 걸. 그럼 우리 주석이가 후에 덜 외로울 수 있었을 텐데…. 그런데요, 사람은 누구에게나 정도의 차이는, 색깔의 차이는 있을지라도 조금씩의 불행을 갖고 살아간다고 생각합니다. 드러나지가 않아서 보이지 않는 것도 있어서 그렇지 불행은 누구에게나 찾아가는 게 아닐까 싶어요.
　이제 제게 남은 꿈은, 홀어머니가 키운 아들이란 말을 무색하게 하는 것이랍니다. 아들과 친구처럼 네 인생을 함께 얘기할 수 있는 친구처럼, 그리고 그 아들이 좋아하는 여자가 생기고 나면, 또 그 여인과 친구처럼 지낼 수 있도록 제 자신을 가꿔 나가는 것이 제 꿈입니다. 전 그렇게 할 수 있겠다 싶어요.
　이 세상에 태어나 한 남자를 사랑하여 결혼하고, 그러다 그 남자는 자기를 쏙 빼 닮은 아들을 남겨주고 갔습니다. 전 그 아들과 남은 인생을 보기 좋게 가꿔진 화단처럼 만들어 갈 겁니다. 적당히 서로에게 신세를 지기도 하고 도움도 받아가면서….
　그래서 전 지금 주석이에게 띄울 편지를 쓰고 있습니다.
　우리 이 세상에서 그 누구하고도 비교할 수 없는 멋진 모자의 인연으로 남아보자고.

꿈을 꾸며 살아야 하는 이유

부산 수연구 망미 1동 김선희씨의 사연입니다.

성냥곽을 발로 꽉 밟아 놓은 것 같은 방.
둘이 기거하면 돌아누울 곳이 없을 만큼 비좁은 방.
가난한 집 아들딸은 89년도에 그런 방에서 신혼을 맞아야만 했습니다. 친구들이 놀러온다고 하면 매몰차고도 칼같이 '네 명 이상은 안돼' 해서 오해도 많이 받았었지요. 네 명 이상은 안돼 하면 네 명이 왔지만, 네 명 이상은 곤란해하면 어떻게 되는 줄 알고 다섯 명이 들이닥쳐 꼭 한 사람은 문지방에 걸터앉아야만 했으니 어떻게 제가 매몰차게 굴지 않을 수 있었겠어요.
비오는 날이면 조금이라도 비를 덜 맞으려고 엉덩이는 부엌에 들여놓고 머리를 감았고, 깨끗하지 못한 화장실 가기가 죽기보다 싫어서 참다가는 방광염이 걸린 적도 있었죠. 하지만 제가 가난해서, 제가 못나서 하는 고생이니 그래도 전 괜찮았습니다.
하지만 그 좁은 방안에서 태어난 우리 예쁜 딸 나경이.
나경이가 한 여름에도 밖엘 나가보지 못하고 그 좁은 방안에서 땀을 흘리며 문고리를 잡고 늘어지는 걸 봐야 하는 엄마의 가슴은 정말 찢어지는 듯 아팠습니다. 그렇다고 문을 열어 놓으면 주인집으로 들어가 있거나 깨끗하지 못한 곳을 쑤시고 다니니 덥더라도 문을 잠가 놓고 있어야 했지요.

그러던 어느 여름날 전 밖에 나가자고 떼를 쓰는 아이에게 매를 대다가는 그 때리는 제가 미워서, '왜 좀더 좋은 집안에 태어나지 그랬니' 제 처지가 서러워 아이를 붙들곤 엉엉 울어버리고 말았습니다. 참고 참았던 가난에의 설움이 그렇게 쏟아지더군요.

그런데 참 울음, 눈물이란 게 명약이었습니다. 아이를 붙들고 실컷 울고 나자 이상하게 힘이 샘솟는 거였어요.

'아니 지금부터 우리 나경이한테 좋은 집안을 만들어주자.'

그 날부터 전 악착같이 정말 죽을 힘을 다해 열심히 살았습니다. 남편은 남편대로, 전 저대로….

그러다 방 두 칸 짜리 전세로 옮기던 날 전 펑펑 눈물을 쏟고 말았습니다. 너무 고맙고 감사해서 말입니다..

돈이란 것이 그렇더군요. 천만 원 모으기가 고생스럽지. 일단 천만 원이 모이고 나니까 그 다음은 훨씬 쉽더라구요. 이제 제 다음 목표, 꿈은 방 세 칸 짜리 내 집 장만입니다. 계산상으론 '어느 세월에'이지만 월세 25만원 사글세에서도 이만큼까지 올라왔는데요. 그 때까지 전 '자전거'가 될 겁니다. 페달을 밟지 않으면 자전거는 넘어지잖아요. 그러니까 계속해서 페달을 밟아 절대로 넘어지지 않는 자전거. 그런 자전거가 되는 게 제 꿈입니다. 제 딸 나경이를 위해서….

인생은 단막극이라던가

<u>경기 광명시 소하 1동 윤외숙씨의 사연입니다.</u>

 지금 저는 올해 초등학교 4학년인 아들의 침대에 반쯤 걸터앉아, 이젠 책꽂이의 한 귀퉁이로 밀려나 있는 아이의 작년 일기장을 펼쳐보고 있습니다. 그런데 일기장을 보고 있자니, 또다시 마음 언저리가 답답해지네요.
 몇 년 사이에 가지를 한껏 뻗은 창 밖의 은행나무 덕분에 그나마 우리 집의 치부는 아직 비밀에 쌓여 있습니다.
 작년 느닷없이 들이닥친 IMF란 소리 없는 전쟁의 포화로 아들과 저의 호주 유학이 보류된 것은 고사하고, 우리 가정은 구석구석 무너지기 시작했어요. 전화가 끊기고 낡은 기름 보일러마저 가동시킬 수 없어 작은 전기 난로 하나와 전기 장판 하나에 저희 세 식구는 기나긴 겨울을 나야 했습니다. 급기야 집은 경매에 들어가는 처지가 되었구요.
 그러다 보니 연일 뉴스의 한 부분을 차지했던 '가족동반자살' 소식이 남의 일로만 느껴지지 않을 만큼 우리 가족의 가슴은 온통 피멍이 들어 다시 일어설 기력조차 없었지요.
 1998년 5월 5일 어린이날 '내 가슴이 무너졌다'라는 제목으로 써 내려간 아들의 작년 일기에는 유람선을 태워 주시겠다던 할머니의 약속도, 한껏 기대를 품게 했던 아버지의 선물마저도 끝내 받지 못한 채… 그날 하루종일 마음졸였던 상황들이 빼곡이 남아 있었습니다. 그 밤 깊은 상심으로 베갯머리를 적시며 잠들었을 아이를 생각하니 또다시 가슴이 저며 오네요.

그러나 사흘 뒤 어버이날 아이의 일기에는 이런 글이 적혀 있었어요.

저에게는 보물이 아주 많습니다. 첫째는 엄마구요, 둘째는 아빠 그리고 셋째는 롤러 브레이드. 넷째는……. 이렇게 주절주절 나열해 놓은 걸 보면 그래도 '아이들은 어른들과는 달리 잘 일어서는구나'라는 생각이 들기도 했어요. 하지만 부모 잘못 만나 어린 가슴에 못을 박았구나 하는 생각은 지울 수가 없었어요.

이제 그로부터 일 년이 지났고, 다행히 집이 경매로 넘어가는 일도 없었습니다. 저와 아이는 집이 매매되는 대로 보류해 두었던 호주 행을 감행하려고 합니다. 아이와 저는 요즘 새벽에 일찍 일어나 영어공부를 하고 있는데요. 이모네 가족이 살고 있는 호주에서의 생활을 설계하느라 물오른 버들강아지 마냥 아이의 눈빛이 촉촉하기 그지없어요.

인생은 단막극이라 했던가요. 그날그날 열심히 사는 그 자체를 곧 저의 인생목표로 삼을 겁니다. 그렇게 살다보면 고통도 그 안에서 다 없어지겠지요. 그리고 내일의 태양은 오늘과는 또 다르겠지요.

꽃들에게 다짐하며

부산 동구 좌천동 송영신씨의 사연입니다.

99년 1월은 정말 끔찍한 달이었습니다. 예산부족이라는 이유로 들이닥친, 예기치 못한 저의 실직—.

스물 다섯 토끼해를 맞아 마냥 즐거워하며 세운 꿈들이 모두 산산조각 났으니까요. 겉으로는 아무렇지도 않은 척 담담히 책상을 정리했지만 마음속으로는 얼마나 울었는지요.

집안의 장녀로 얼마 되지는 않았지만 월급을 타면 모두 부모님께 드리며, 가난한 집안 살림에 작은 보탬이 되었던 큰딸의 실직을 부모님께 어떻게 말씀드려야 할지…. 참 막막했습니다. 안 그래도 작은 세탁소를 경영하시는 부모님은 IMF 때문에 매상을 올리지 못해 속상하시는데, 저까지 직장에서 밀려났다는 말씀을 드리면 충격을 받으실 것 같았어요.

그래서 한 동안 아침 일찍 출근하는 척 도서관으로 갔습니다. 1월은 정말 춥더군요. 밝았던 저의 얼굴은 점점 어두워졌고, 부모님은 그것을 금새 알아채셨는지, 어느 날 저에게 물으셨습니다.

"니 무슨 일 있제? 괜찮으니까 어서 말해봐라."

그 말 한 마디에 전 그만 울음을 터뜨렸고, 저는 사실대로 말씀드렸지요.

"나쁜 놈들. 우리 딸이 얼매나 똑똑한데" 하시며 울고 계시는 엄마. 그리고 그 옆에서 담담하게 듣고만 계시던 아버진 누가 죽었냐며, "니는 똑똑하니까 공부 더 해서 더 좋은 직장 가거라. 학원비 대줄 테니 절대 안 짤리는 직장에 취직하거라" 라고 말씀하셨습니다.

돈 없고 빽 없으니까 열심히 해서 공무원시험에 꼭 합격하라고 하셨지요. 대학교에 다니는 두 동생과 이제 막 미용을 배우기 시작한 여동생 때문에 집에 돈이 없을 텐데도 말입니다.

그날 밤 우리 식구들은 얼마나 울었는지 모릅니다.

벌써 4월입니다. 여기 도서관에도 봄꽃들이 만발했어요. 저는 매일 아침 꽃들에게 인사를 하며 다짐을 하곤 하지요. 저 때문에 오늘도 힘들게 일하시는 부모님들에게 언젠가는 반드시 저 꽃들보다 더 환한 웃음을 안겨 드리겠다고 말입니다.

하얀 투피스를 입고 넓은 사무실에서 일하는 제 모습, 생각만 해도 가슴이 벅차 오릅니다.

지금은 힘들어도 더 나은 미래를 위해 열심히 공부하고 있는 모든 수험생들에게 말하고 싶습니다.

우린 희망과 꿈이 있어 그나마 행복한 사람들이라구요.

내일이 있어 더 행복한 밤

전북 전주시 완산구 효자동 성동순씨의 사연입니다.

"다녀왔습니다!" 밤 12시를 채우고서야 현관에 들어서는 남편의 장난기 어린 퇴근인사가 정겨운 밤입니다.

누군가를 사랑한다는 것은 안타까움을 느낄 때 더 애틋해진다고 하죠? 그 늦은 시간만큼이나 어깨에 잔뜩 피로를 안고 오는 남편이 안타깝기만 합니다.

결혼할 때쯤 그의 생채기까지도 모두 보듬어 안은 저는 그의 사랑이 영원할 거라 믿었습니다.

아이들이 태어나고 비둘기장 같은 집도, 자가용도 생기고, 그렇게 차곡차곡 재산을 쌓아가고 있었지요. 이제 허리띠를 조금 늦춰도 되겠다 싶을 무렵 남편이 변하기 시작했어요. 저를 그저 집 한 구석에 놓여있는 오래된 가구 취급을 하고, 수상한 전화가 자주 걸려오기 시작했습니다.

무엇보다 가슴 아픈 건 당당하지 못한 그의 거짓말을 들어야 할 때였지요. 질투하고, 속상해하는 저를 보고 남편은 이해심이 부족한 사람이라며 몰아세우기도 했구요. 얘기라도 할라치면 피곤하다며 등을 돌리기 일쑤였습니다. 그러다 보니 악을 쓰며 싸우는 날이 잦아졌고 그러면 그럴수록 남편은 제게서 멀어졌지요.

급기야 저는 하루 종일 똑같은 자세로 앉아 남편의 하루 일과를 퍼즐 맞추듯 짜맞춰가는 환상에 빠져 허덕거리기 시작했고, 13층 베란다에서 뛰어 내려버릴까 하는 생각까지 했었지요.

 그렇게 모든 걸 포기하고 있을 무렵, 나이 드신 이웃 아주머니에게 신세를 한탄했더니 "어려울 때일수록 남편한테 더 잘해. 꾹 참고 마음을 비우다보면 남편이 다시 보이기 시작할거야."라고 말씀하시더군요. 그 말을 듣고 남편과의 관계를 백지상태로 돌려놓고 다시 시작했습니다. 매일 편지를 써서 그의 지갑에 넣어주었죠. 미운 짓을 하는 날이면 곱절 더 사랑을 담아서 편지를 썼습니다.

 근무중인 남편에게서 전화가 오기 시작하더군요. 처음에는 남편에게 편지를 쓰면서도 믿음을 갖지 못해 내가 왜 이러고 있나 라는 생각을 했어요. 하지만 사랑을 베풀다 보니 이제는 남편에게 새로운 사랑을 느끼곤 합니다. 남편도 그런 저를 인내심을 갖고 기다려 주었구요. 이젠 서로의 눈빛과 몸짓만 보아도 상대방의 마음을 읽을 수 있을 만큼 서로에 대한 신뢰가 깊어졌습니다. 아픔을 겪고 난 뒤의 믿음이 우리 부부를 단단하게 묶어주고 있지요.

 몇 개월 전 늦은 새벽시간에 집에 돌아온 남편에게 투정을 부리다가 문득 이런 생각을 했습니다. 남편은 힘들게 고생하고 있는데, 나만 집에 편히 앉아 사치스러운 감정 싸움을 하고 있는 게 아닌가 하고 말입니다. 그래서 지금은 새벽 5시에 일어나 신문을 돌리고 있지요.

 저에게는 아주 작은 계획이 하나 있습니다. 얼마 되지 않은 작은 돈이지만, 그간 신문을 돌려 저축해둔 돈으로 남편과 함께 제2의 신혼여행을 다녀올 생각입니다. 기왕이면 5월에 있을 결혼 기념일에 다녀오면 더 좋겠지만, 요즘 남편이 너무 바쁘기 때문에 그건 곤란할 것 같구요. 7월쯤에나 가능할 것 같은데, 그 생각만 하면 지금도 가슴이 벅차 오른답니다.

새롭게 시작한 인생, 앞으로 좋은 날만이 우리를 기다리고 있겠지요?
내일이 있어 더 행복한 그런 밤입니다.

파란 모니터

전북 익산시 동산동 오미옥씨의 사연입니다.

보통 사람들이 어린 시절을 회상하며 '그때가 좋았어, 그 시절로 다시 돌아갔으면' 하고 말들 하지만 저에게 있어 어린 시절은 그리 좋은 추억이 아니어서인지 아직도 그때의 일을 떠올리면 눈물부터 앞을 가립니다.

막 유치원에 입학했을 다섯 살 때였을 겁니다. 저를 미처 보지 못하고 후진하는 차에 치어 심하게 다치게 되었지요. 산 것만 해도 하늘이 도왔다는 말을 할 정도였으니까요.

그래서 다른 아이들이 뛰어다닐 때 저는 그제야 다시 걸을 수 있었고, 고무줄 놀이를 할 때면 저는 옆에 쭈그리고 앉아 구경만 해야 했습니다. 체육시간에 모두 운동장에 나가 공차기를 할 때도 저는 교실에 혼자 남아 창 밖으로 보이는 친구들의 모습을 지켜보며 이루어질 수 없는 상상만 하고 있어야 했지요. 어떤 날은 운동장을 힘차게 가르며 100m 달리기를 하는 제 모습을 상상하기도 했구요. 또 어떤 날은 평균대 위를 나비처럼 걸어 다니는 제 모습을 그려보기도 했습니다. 하지만 상상은 말 그대로 상상일 뿐 현실은 언제나 냉혹했습니다.

저를 이상하게 쳐다보던 아이들—. 함께 밥을 먹거나 얘기라도 하게 되면 무슨 전염병이라도 옮기라도 할 것처럼 노골적으로 저를 피하던 아이들—. 한 번은 이런 적도 있어요. 짓궂은 남자아이 중의 한 명이 제 물건을 멀리 던져버리고선 가서 주워 오라고 하더군요. 그리고는 그 물건을 집으러 가는 저를 따라오며 제 걸음걸이를 흉내냈구요. 그때 들리던 아이들의 웃음소리, 그 생각만 하면 아직도 가슴이 터질 것만 같습니다.

그래도 저에겐 큰 자부심이 하나 있었는데, 무엇인줄 아세요? 그건 바로 성실함입니다. 몸이 이런데 공부까지 뒤쳐질 순 없다 마음먹었죠. 수업시간에 다른 아이들이 떠들고 장난치고 잠을 잘 때, 전 묵묵히 수업을 받으며 필기를 했어요. 물론 숙제도 꼬박꼬박 하구요. 친구들이 제 숙제를 베낄 때, 필기한 것을 베낄 때, 비록 떨리는 손으로 꾹꾹 눌러쓴 예쁘지 않은 글씨지만 나도 누군가에게 도움이 되기도 하는 사람이라는 생각이 저를 기쁘게 했습니다.

지금도 가끔 저의 어린 시절을 떠올리면 악몽이라고 생각할 때가 있습니다. 하지만 돌이켜 보면 어제의 그 아픔이 없었다면 지금쯤 전 아마 주어진 삶에 만족하지 못하고 매일 불평불만만 늘어놓는 사람이 되었겠지요.

제 꿈이 무엇인줄 아세요? 바로 사람들의 언 가슴을 녹여줄 수 있는 따뜻한 글을 쓰는 작가예요. 저처럼 사람들의 사랑과 관심을 필요한 많은 사람들에게 글로나마 힘과 위로를 주고 싶어서인데요, 근데 문제는 제가 아무리 또박또박 정성을 다해 글을 써봐도 삐뚤어진 글씨 때문에 저 또한 제 글을 제대로 알아볼 수가 없다는 거죠. 그래서 이번 주에는 큰 맘 먹고 컴퓨터를 하나 장만할 생각입니다. 그리고 매일매일 파란 모니터에다 제 꿈을 실어볼 계획입니다.

어제는 비록 힘겨운 길이었지만, 훗날 우리에겐 오늘이 좋은 추억이라 그리워할 내일이 있으니까요.

아가 방의 커튼을 만들 때

<u>서울 양천구 신정 6동 이주연씨의 사연입니다.</u>

성냥갑 집이라고 들어보신 적 있으신지요?
조금의 틈새도 없이 다닥다닥 집을 지어 밤에는 건넛집에서 말하는 소리까지도 들리는, 그야말로 조그만 성냥갑을 방불케 하는 그런 집들 말예요.
남자 집이 가난하다는 이유 때문에 저의 부모님의 반대가 너무 심해 저희들은 제대로 식도 올리지 못하고 가진 돈을 다 털어 월세를 얻어 결혼생활을 시작했습니다. '잘 사는 모습 보여 드리면 언젠가는 허락하실 거야' 이렇게 서로 위로하면서 말예요.
둘이 누우면 꽉 차는 방, 수도꼭지도 변변히 없어 옆집에서 물을 길러와야 하고 화장실은 동네 어귀에 있는 공중화장실을 이용해야만 했습니다. 지저분하기 이루 말할 수 없었고, 아침이면 전쟁이 일어나곤 했어요. '왜 사서 고생을 하냐, 그냥 헤어지고 다른 남자 만나 편하게 살아라' 친구들과 부모님의 회유, 그리고 압박이 계속되었어요….
하지만 전 행복했습니다. 사랑하는 그이가 제 옆에서 든든한 버팀목이 되어 주었으니까요. 그리고 착실히 돈을 모으다 보면 언젠가는 우리에게도 좋은 날이 오겠지 하는 희망이 있었으니까요.

그렇게 6개월쯤 지났을까. 덜컥 임신을 하고 만 것입니다. 생활은 하나도 나아지지 않았는데, 아이까지 생겼으니 이를 어쩌나. 남편에게 말도 못하고 혼자서만 끙끙 앓고 있었죠. 그러다 보니 남편에게 괜한 짜증을 부려대기 시작했고, 제가 처한 모든 현실이 다 싫어지기 시작했습니다. 물론 하루에도 몇 번씩 이곳을 탈출해 새 출발을 하고 싶다는 생각을 하기도 했구요. 하지만 부부는 마음의 창까지 뚫어보는 눈을 지녔다고 하죠?

어느 날 남편을 출근시키고 청소를 하다보니 쪽지가 하나 놓여 있었어요.

"주연아, 가끔 힘들어하는 너를 볼 때마다 너를 놔주는 게 사랑이 아닐까라는 생각을 한다. 하지만 주연아, 사랑은 어떤 일이 있어도 함께 하는 게 진정한 사랑이래. 우리 힘들어도 조금만 참자. 응? 사랑해!"

단 몇 줄의 글인데도 그 사람이 그 동안 얼마나 마음고생을 했는지, 그리고 또 나를 얼마나 사랑하고 있는지 알 수 있을 것 같았습니다. 전 하루 종일 울었어요. 그리고 그날 남편에게 아기 소식을 전했지요. 그리고 지금보다 몇 배, 아니 몇백 배 더 열심히 노력해서 얼마 있으면 태어날 소중한 우리 아기를 위해 살자고 약속까지 하면서요.

저는 요즘 집에서 커튼을 만들고 있답니다. 부족한 실력이지만 제 아기 방에 걸어둘 커튼은 엄마의 정성이 들어가 있는 것으로 해주고 싶거든요. 화장실도 없는 그런 집에서 무슨 어울리지도 않는 커튼 타령이냐구요? 그 동안 안 먹고, 안 쓰고 열심히 저축한 돈으로 얼마 전 방 두 개 짜리 조그만 전세 아파트를 얻어 이곳으로 이사를 왔거든요.

'스무 명이 누워도 집이 남겠다'며 능청을 떠는 남편. 그 남편의 웃는 얼굴에서, 그리고 예쁜 강아지가 그려진 커텐감에서, 오늘도 전 또 다른 내일의 행복을 꿈꾸며 이렇게 살아가고 있답니다.

희망이란 이름

경남 통영시 평림 2동 황정희씨의 사연입니다.

평생을 행복하게 살길 바랬던 저희 가정에 불행이 닥친 것은 지난 2월, 설을 이틀 앞둔 날이었습니다. 작년부터 원인 모를 두통을 호소하시고 가끔 구토까지 하시던 어머니를 모시고 병원에 가서 진찰을 받았는데, 뜻밖의 소리를 들어야만 했습니다.

뇌종양―. 칠순의 할머닌 당신이 먼저 가야 하는데, 며느리를 앞서게 했다며 이게 다 당신 때문이라며 며칠을 우셨고, 그날 이후 아버지는 어머니와 함께 해오시던 뱃일도 포기하신 채 어머니 간호에 매달리셔야 했습니다. 그러니 생활은 금새 엉망이 되었지요. 세상이 비뚤게 보이기 시작했고 왜 이런 일이…라는 생각에 세상이 원망스러웠습니다.

큰 욕심 안 부리고 아주 작은 행복만을 꿈꿔왔는데, 그 작은 행복마저도 앗아가려는 하느님이 너무나 원망스러웠어요. 머리를 자르고 수술실로 들어가시며 떨구시던 어머니의 눈물이 행여 마지막이 되지 않을까, 자그마치 8시간이나 되는 수술시간 동안 가슴 졸이며 떨어야 했습니다.

하지만 '비교적 잘 끝났다'라는 의사의 말 한 마디에 세상을 다 얻은 것같이 들떠 있었는데, 어머닌 왼쪽 다리의 감각을 잃으셨고,

무엇보다 당신에게 닥친 일들에 대해 너무 많이 아파하셨습니다.
그런 모습으로는 살 수 없다면 죽어버렸으면 좋겠다는 말을 수 없이 되뇌셨어요. 오죽하면 그런 말씀을 하실까. 몸부림치는 어머니를 안고 밤새워 운 적도 많았습니다. 그런 어머님이 떠나지 않도록 부둥켜안고 시간이 멈춰지기만을 간절히 바랬지요.
어느덧 석 달이란 시간이 흘렀고 엄마의 머리에도 솜털 같은 머리카락이 나오기 시작했습니다. 그 전에 무성했던 머리숱에 비하면 아무 것도 아니지만 그래도 그 솜털 같은 머리카락이 어찌나 감사한지요. 아침마다 운동도 하시고 물리치료도 받으셔서인지 이제 30분 정도의 거리는 걸어서 다니실 정도로 어머니는 건강을 많이 회복하셨습니다.
가끔 다른 사람처럼 건강하지 못해 미안하다고 말씀을 하시는 어머니ㅡ. 그리고 그런 말이 나올 때마다 미안하면 '몸이나 건사 잘해' 라며 통을 주시는 아버지. 두 분이 있어 얼마나 감사한지 모르겠습니다.
며칠 뒤면 새로 만든 우리 배가 완성됩니다. 예전엔 두 분이 함께 일하셨는데, 이제는 어머니가 일을 못하시니 배를 개조할 필요가 있었던 거죠.
푸른 바다를 가르며 힘차게 나갈 배를 생각하며 다시 한 번 그 배에 희망이란 이름을 걸어봅니다.

어머니에 대한 멍울

<u>서울 서초구 서초 2동 김이영씨의 사연입니다.</u>

　사람은 누구나 창피하고 부끄러워서 말못하고 사는 가슴속의 사연이 있나 봅니다. 죄는 아니면서 죄보다 더 무거운 형벌이 되어 평생을 짓누르는, 그래서 늘 고개를 들지 못하게 하는 명치끝을 아프게 하는 사연—.

　4년 전 돌아가신 제 어머니는 글을 모르셨던 분이셨지요. 가난한 농사꾼의 딸로 태어나 입 하나 덜기 위해 일찌감치 시집을 가셔야 했던 어머니—. 초등학교 문턱에도 가보지 못한 채 평생을 살다 가셨던 제 어머니는 한글도 모르셨어요. 그래서 제가 학교에 입학했을 때에도 제 책과 공책, 책가방에 이름을 써줬던 사람은 이웃집 언니였습니다.

　그 후 제가 한글을 깨우치고 나서는 전 늘 어머니의 그림자처럼 따라 다녀야만 했어요. 동사무소, 은행, 우체국, 협동조합. 마치 맹인이 자기 눈 대신 데리고 다니는 맹인견처럼 전 문맹 어머니의 문맹 맹인견이 되어야만 했습니다. 그게 얼마나 제 자존심을 망가뜨리는 일이었고, 죽기보다 싫었던 일이었는지···.

　지금 생각해도 '왜 그렇게 심하게 생각했을까' 할만큼 고통 그 자체였어요. 하지만 내성적인 성격이었던 전 내색 한번 하지 못하고 속으로만 그 고통을 삭혔었습니다. 그렇게 해서 생긴 어머니에 대한 멍울. 그 멍울은 저로 하여금 어머니가 돌아가실 때까지 어머니에게 한 번도 정겹게 굴지 못하게 만들었습니다.

그 어머니가 흙을 파서 농사지으신 돈으로 절 학교에 보내지 않았었다면, 저 또한 문맹인으로 살아갈 수밖에 없었다는 사실, 그래서 저 또한 제 딸로부터 그런 미움과 원망과 푸대접과 멸시를 받을 수밖에 없었을 거라는 사실을 뼛속깊이 깨달았을 때에는 이미 제 어머니는 제 손에 닿지 못하는 곳에 가 계셨습니다.

많은 사람들이 물어오지요. 왜 그런 힘든 봉사활동을 택했느냐고? 전 지금까지 그 아무에게도 대답을 하질 못했습니다. 글 모르는 노인들을 모시고 한글공부를 하고 있다는 사실을 전 말할 수 없었습니다.

그러나 이제 이런 편지를 띄울 만큼 전 저 자신을 용서하고 있어요. 그 용서가 다 받아들여졌겠지 싶을 때쯤이면, 전 그간 모은 돈을 털어 유치원처럼 예쁜 동화나라를 지을 겁니다. 그리고 그곳에서 자기 의사와는 무관하게 공부를 하지 못해 평생을 죄인처럼 떳떳하지 못하게 사셔야 했던 많은 분들에게 죽을 때까지 글을 가르쳐 드릴 것입니다.

먹고살기조차 힘든 세상에, 내 집 장만하기도 힘든 세상에 그 무슨 꿈같은 얘기냐고 하실 지 모르겠어요? 하지만 전 그 약속을 틀림없이 지킬 겁니다. 그게 제 어머니에게 드리는 단 한 번의 마지막 효도가 될 것이기 때문입니다.

꼭 유치원처럼 예쁘고 귀엽고 앙증맞게 지을 거예요. 그분들이 평생을 보상받으실 수 있게 말이죠.

험한 세상 다리가 되어

<u>서울 서대문구 천연동 이은경씨의 사연입니다.</u>

저에게는 소아마비 장애자인 오빠가 한 분 있습니다. 세 살 때 갑작스럽게 찾아온 소아마비. 그 병을 고치기 위해 부모님들은 전국 방방곡곡 안 다니신 곳이 없을 정도였습니다. 오빠를 위해서라면 안 해본 것이 없는 부모님. 저희 집은 이렇게 늘 오빠가 우선이었습니다. 그래서인지 저는 항상 엄마, 아빠의 관심 뒷전이라는 생각에 오빠가 마냥 밉고 원망스러웠지요.

제가 초등학교 4학년 때의 일입니다. 그날은 운동회 날이었는데, 이제나저제나 엄마를 기다리고 있던 저의 눈에 비친 엄마의 모습. 어디든 숨고만 싶었습니다. 사람들이 많은 그곳에, 하필이면 기분 좋은 운동회 날 엄마는 오빠를 자전거에 태우고 오신 것이었습니다. 하루만이라도 넓은 운동장에서 친구들이랑 어울려보라고…. 하늘에 펄럭이는 만국기처럼 너의 꿈도 한번 펼쳐보라고 데리고 오신 거였겠지요. 하지만 저는 뛰지도 못하는 오빠를 뭐 하러 운동회에 데리고 왔는지 불만스러웠습니다. 창피한 마음이 앞섰습니다. 오빠를 쳐다보는 아이들의 시선이 싫었습니다. 오빠 담임선생님은 오빠가 온 걸 알고 선생님들 릴레이 달리기 시간에 오빠를 업고 뛰었어요. 계단 한 쪽 귀퉁이에 앉아 그 모습을 바라보고 있었는데 전 어찌나 분한 마음이 들었는지요. 나는 왜 장애인 오빠가 있어서 이런 창피함을 당하는가. 나는 왜 이런 가정에서 태어나 이런 마음 고생을 해야 하는지. 오빠도 싫고, 엄마도 싫고, 하늘도 원망스러웠어요. 결국 신나는 운동회 날은 오빠 때문에 그렇게 기분이 상했어요. 그 후로는 저는 늘 피해의식 속에서 생활해야 했습니다.

 그러던 중 저는 오빠보다 먼저 시집을 가게 되었고, 이젠 장애인 가족이라는 꼬리표를 뗄 수 있다는 생각에 그저 행복할 것만 같던 결혼식 날, 저는 오빠를 부둥켜안고 펑펑 울어버렸습니다. 절뚝절뚝 저는 다리, 앙상하게 말라 있는 하체, 늘 목발에 의지해 누군가 옆에서 도움을 주지 않으면 제대로 움직일 수조차 없는, 그래서 어렸을 때부터 제게 있어 수치심으로만 느껴졌던 오빠의 모습. 하지만 그날은 왜 그리도 불쌍해 보였는지요. 이런 오빠를 남겨두고 시집을 가버리면 그 동안 내가 했던 일은 대체 누가 해주나. 한밤중에 목이 마르면 이젠 누굴 부를까. 오빤 내가 해주는 김치볶음밥을 좋아했는데… 이젠 해주고 싶어도 못해주겠지. 이런 저런 생각에 눈물이 멈춰지지 않았습니다. 이제야 장애아들을 둔 부모님의 심정을 알 것 같았고, 오빠에게 못되게 군 제 모습이 후회스러웠어요.

 이제 며칠 뒤면 이사를 하게 됩니다. 오빠 생각에 매일 마음 고생하고 있는 제가 안쓰러워 보였는지, 남편이 저 몰래 친정집 근처로 집을 알아본 것입니다.

 '이제 우리가 형님의 다리가 되어 드리자. 목발 하나로는 이 세상 헤쳐 나가기 너무 힘들잖아.' 라는 말과 함께요.

 늘 외면하고 멀리하고 싶었던 오빠의 다리—. 이젠 더 이상 오빠를 혼자 두지 않을 생각입니다. 험한 세상 다리가 되어 오빠가 꿋꿋이 살아갈 수 있도록 열심히 도와야지요.

구멍난 속옷

경기 김포시 감정동 한현수씨의 사연입니다.

제 어린 시절에 대한 추억을 더듬으면, 가장 먼저 떠오르는 것이 지독한 가난이었습니다. 고기반찬은 커녕 계란말이나 멸치볶음이라도 실컷 먹어 보았으면 하는 것이 저의 최고 소원이었으니까요.

아버지께서는 제가 태어나기 전부터 한쪽 다리를 저는 장애인이셨어요. 제가 어렸을 때, 아버지의 그런 걸음걸이를 그대로 따라하고 다녀, 어른들의 속을 많이 썩혔다고 합니다. 아버지는 비록 몸은 성치 않으셨지만 마음만은 얼마나 건강하시고 성실하셨는지 모릅니다. 다 쓰러져 가는 판잣집에서 살았지만 아버지께서는 부지런히 일하셨습니다. 남의 논이나 밭에서 날품을 팔았고, 소나 돼지에게 먹일 음식 찌꺼기 등을 수거하시면서 자식들을 키우셨습니다.

언젠가 학교 체육시간이었어요. 그날은 턱걸이를 하는 날이었어요. 제 차례가 되어 철봉에 매달려 있는데, 아버지 바지를 고쳐서 만든 헐렁한 체육복이 그만 밑으로 흘러내리고 말았어요. 속옷도 제대로 없던 시절이라, 이곳저곳 다 헤지고 구멍이 난 속옷이 그대로 드러나고 말았지요. 아이들은 배를 잡고 웃어댔습니다.

저는 너무나 창피한 나머지 그 길로 집으로 뛰쳐 갔습니다. 뛰어들어오는 저를 보고 놀라 이유를 물으시는 부모님께 "난 정말 가난한

게 싫어. 아빠, 엄마가 밉단 말야." 소리치며 울어버렸습니다. 그날 저녁 아버지께서는 밤이 새도록 약주를 드셨고, 자는 척하고 있는 저에게 연신 "불쌍한 놈, 불쌍한 놈" 하시며 소리 죽여 우셨습니다.

   시간이 흘러 저도 어느덧 두 아이의 아버지가 되었습니다. 초등학교 3학년에 다니는 첫째 녀석은 벌써 몇 달째 자전거를 사달라고 조르고 있습니다. 친한 친구들 중에서 자기만 자전거가 없다는 것이었어요. 하루는 하도 떼를 쓰기에 그만 매를 들고 말았는데, 아들녀석은 "아빠가 미워"라며 구슬 같은 눈물을 뚝뚝 흘리더군요. 부전자전이라고 "아빠가 미워" 하면서 우는 그 모습이 꼭 제가 어릴 적 아버지께 투정하던 그 모습과 많이 닮아 있었습니다.

   컴퓨터 관련 일을 하던 저는 IMF 여파로 얼마 전 직장을 잃고, 지금은 좁은 어깨로 살아가고 있는 형편이거든요. 자식에게 가장 좋은 것을 주고 싶은 것이 부모의 마음이건만 그러하지 못하는 아비의 심정은 정말 억장이 무너지는 것 같았습니다. 이러고 나니 이제서야 돌아가신 아버님의 마음을 알 듯합니다. 그날 아버님이 소리 죽여 우시던 그 숨은 눈물의 의미도 이젠 알 듯합니다.

   아직 아들녀석에게는 비밀로 하고 있지만 다음달 초에는 어떻게 해서든 자전거를 하나 사줄 생각입니다. '그렇게 갖고 싶어하는 건데, 이러다 주눅들면 큰일 나지' 라는 생각에 생활비를 조금 더 줄이는 한이 있더라도 아이의 자전거는 반드시 사줘야겠다 마음먹었어요. 그리고 아들에게 자전거가 생기는 날, 좌우 균형을 잘 맞춰야만 넘어지지 않고 앞으로 나갈 수 있다는 자전거의 원리이자 삶의 원리를 똑바로 가르쳐줄 것입니다.

   그 옛날 자신의 걸음은 비록 비뚤어졌지만 자식에게는 올바른 걸음을 걷게 하려고 평생을 노력하신 저희 아버님처럼 말입니다.

작은 서재가 하나 있는 집

부산 기장군 철마면 박순옥씨의 사연입니다.

　40년 전 10살 짜리 소녀의 꿈은 국어선생님이 되는 것이었습니다. 읽을 책이라곤 교과서밖에 없었던 시절, 소녀는 책이 있는 곳이라면 십리 길도 마다하지 않고 달려가 닥치는 대로 책을 읽기 시작했지요.
　초등학교 5학년 때, 중·고등학교 언니들이나 보는 한국대표문학소설을 옆구리에 끼고 다닐 정도였으니까요. 물론 이해도 못하면서 말입니다. 하지만 꼭 국어선생님이 되고 말겠다는 굳은 결심은 어느 언니, 오빠들보다 강했다고 자부할 수 있었습니다.
　하지만 꿈만 가지고는 길이 열리지 않는다는 말을 증명하기라도 하듯 어머니 혼자서 그날그날 품팔이를 하며 다섯 식구가 생활을 하는 데에는 항상 가난이라는 꼬리표가 달려 있었고, 결국 저는 대학 진학의 좌절을 맛보아야 했습니다. 많이 방황하기도 했지요. 입학, 졸업시즌이 되면 저도 모르게 발걸음이 대학교 정문으로 옮겨졌고, 한 참을 넋 나간 사람인양 대학생들을 쳐다보며 서 있을 정도였으니까요.
　10여 년을 그렇게 방황해오던 저는 결혼을 하면서 새로운 꿈 하나를 다시 갖게 되었습니다. 작은 서재가 하나 있는 집, 그런 집을 갖고 싶었지요. 나만의 공간에서 사방이 책으로 둘러져 있는 그 공간에서 글을 쓰고 싶었습니다. 아니, 굳이 글을 쓰지 않더라도 그냥 내 책, 내 것이 많은 나만의 방을 갖고 싶었어요.

하지만 제가 너무 제 분수를 모르고 살아온 것일까요? 저한테는 애초부터 주어지지 않았고 주어지지도 않을 일인데, 괜한 꿈만 꾸고 있는 걸까요?

내 서재를 갖겠다는 꿈을 가슴에 품은 지 어언 20년, 오늘도 그 꿈은 이루어지지 않았습니다. 남들은 방이 남아서 창고로 쓴다고 하는데 말입니다.

하지만 저는 쉽게 무너지지 않습니다. 지금 막내가 12살인데요. 얼마 전부터 이 아이가 공부할 때 옆에서 상을 펴놓고 글을 쓰고 있습니다. 원래는 소설을 쓸 생각이었는데, 생각만 앞설 뿐 제대로 되지 않네요.

하지만 전 절대로 서두르지 않아요. 내가 쓰고 싶은 무언가의 내용을 쓰고 있다보면, 이 아이는 성인이 되어 있을 거고, 저는 저무는 황혼을 바라보고 있겠지요. 그리고 그때쯤이면 제가 그토록 원하는 작은 서재를 갖고 있을 테고….

누렇게 퇴색되어 종이 냄새가 나는, 습작해 두었던 원고지를 묶어 향기 나는 한 권의 책으로 만들 수 있겠지요. 그렇게 많이 그리고 오랫동안 기다렸던 그날이 꼭 올 것을 믿고 저는 오늘도 글을 쓰고 있습니다.

그리움과 아쉬움은 한숨이 되어

서울 용산구 서계동 이영애씨의 사연입니다.

 6월이 오면 말없이 우시던 엄마의 모습이 늘 제 가슴을 아프게 합니다. 철원 읍내 한 청사 앞에 있는 남북한 지도에서 콩알만한 고향을 겨우 찾아내시고는 손바닥으로 고향을 쓰다듬으며 어머니는 기억을 더듬어 슬픈 이야기를 들려주셨습니다.
 어머닌 열 여섯 나이에 북녘에 있는 철원에서 남쪽에 있는 철원으로 시집을 오셨다고 합니다. 시집오던 날 부모형제와 헤어지는 아쉬움보다는 타고 오는 택시가 굴러가는 그것이 궁금해서 발 밑만 바라보셨다고 해요. 이렇게 다시는 돌아갈 수 없는 곳이 될 줄 알았더라면 한 번이라도 더 가족들의 손을 잡고, 한 번이라도 더 쳐다보았을 텐데….
 어머니의 그리움과 아쉬움은 그렇게 긴 한숨이 되어 오늘도 쌓여만 가고 있지요. 어머니가 살던 곳에는 돌다리가 있었다고 합니다. 그래서인지 어머니의 별명은 돌다리 갓난이가 되었고, 고향이야기만 나오면 눈물을 보여서 '울보'라는 별명도 얻었답니다.
 어릴 적 친척 어른들이 모이면 돌다리 갓난이를 울리려고 술을 한 잔 권하고 노래를 청하곤 했습니다. 엄마의 애창곡은 어느새 목소리에서는 눈물이 잔뜩 배어났었고, 어린 기억 속의 저 역시 엄마를 울리는 어른들이 미워서 울어버리곤 했지요. 하지만 이제는 알 수 있습니다. 엄마의 설움을 쏟아낼 수 있는 자리를 그렇게나마 만들어주신 거라는 것을….

4년 전 아버지가 돌아가셨을 때의 일입니다. 아버지가 보고 싶다고 아버지를 부를 수 없어서 미칠 것 같다고, 어머니를 붙잡고 하소연한 적이 있습니다. 그때 아무 말 없이 제 어깨만 두드려 주시던 어머니. 아마 속으로는 이런 말씀을 하셨겠지요.

'넌 아버지만 없잖니. 난 고향도 엄마도 아버지도 형제도 남편도 없다'

불쌍한 어머니, 들국화 같은 어머니—. 어제는 그런 어머니께서 전화를 하셨습니다. 2년 전 오빠의 사업실패로 어머니의 집은 물론, 보증을 서준 저희 집에까지 여파가 있었는데, 다행히 오빠가 재기에 성공해 얼마 안 있으면 어머니의 집을 다시 되찾을 수 있을지도 모른다는 소식이었습니다. 얼마나 기쁘던지, 울먹이는 저에게 어머니는 이렇게 말씀하셨어요. '무엇이든 진정으로 원하면 이뤄지나 보다. 하루 세 끼 굶지 않으면 다행이다 싶었는데, 이렇게 빨리 꿈이 이루어져 얼마나 감사한지 모르겠구나.'

저희 어머니 말씀대로 무엇인가 진정 원하면 이루어지는 게 세상사겠지요? 그래서 우리는 희망이란 이름의 배를 세상에 띄워 보내는 것이겠지요?

오늘도 저희 어머니는 조그만 지도를 펼쳐 놓으신 채 검지 손가락으로 철원이라고 쓰여 있는 곳을 하염없이 쓰다듬고 계실 겁니다. 희망을 가슴에 가득 담고서 말입니다. 돌다리 간난이의 희망, 이렇게 진정 원하는데 언젠가는 이뤄지겠지요? 그렇게 될 수 있겠지요.

꿈조각을 줍는 '문학 아줌마'

<u>서울 중랑구 면목 1동 김지영씨의 사연입니다.</u>

제가 6살 때인가요? 아버지와 어머니는 성격 차이로 이혼을 하셨습니다. 어쩔 수 없이 아버지는 어머니의 몫까지 고스란히 떠안게 되셨지요. 물론 큰딸인 저는 당연히 집안일과 부엌일을 도와야 했고, 7살 때부터 혼자서 밥을 지어야 했습니다.

제 또래 친구 아이들이 날이 저무는 지도 모르게 논두렁에서 뛰어 놀고 있을 때, 저는 제 동생을 등에 업고 쌀을 씻으러 다녀야 했으니…. 새들처럼 아무런 시름없이 뛰어 노는 그네들의 모습이 부러워 남몰래 눈물지어야 했던 적도 많았지요.

하지만 그때는 그렇게 힘든 줄 몰랐어요. 힘든 게 무엇인지, 외로운 게 무엇인지 인식조차 할 수 없었던 어린 아이였으니까요. 그저 놀고 싶을 때 놀지 못하고 제 손으로 밥을 지어먹어야 한다는 사실만이 저를 힘들게 했습니다. 정작 힘들었던 때는 제가 결혼했던 무렵이었어요.

제 의지로 만든 상황과 환경이 아닌데도 단지 어머니가 안 계신다는 이유로 시집 식구들에게 천대를 받아야 할 때는 정말 죽기보다 싫었습니다. 조금이라도 실수를 하게 되면 "그래서 아이는 엄마가 키워야 한다니까. 저 버릇없는 것좀 봐" 라는 말을 들어야 했거든요. 그간 겪어온 마음 고생을 생각하면 정말 밤새도록 하소연을 해도 시간이 모자랄 정도입니다.

그렇게 힘이 들 때 저에게 친구가 되어준 것이 있어요. 그냥 무작정 책상에 앉아 글을 쓰곤 했는데요. 좋은 말로 글이지 낙서에 불과했어요. 하지만 그게 얼마나 저에게 좋은 위로가 되었는지…. 그리고 책에서 읽은 좋은 글귀를 노트에 옮겨 적고 있으면 저도 모르게 새로운 힘이 생기곤 했어요.

"나는 실망하지 않았다. 내 삶은 장애로 조금 불편했지만 그 동안 나는 늘 글을 써왔으며 또 살아왔기 때문에 애석하다고 생각되는 것은 전혀 없다. 행위하고 있는 인간이야말로 가장 참다운 인간이다."

제가 제일 좋아하는 글귀인데요. 이 글을 보면서 제 생활 또한 단지 불편할 뿐, 아무 문제없다고 여기게 되었습니다.

어느덧 제 나이도 중년으로 치닫는 나이가 되었고, 제 가슴속에는 여린 꿈들이 자라고 있어요. 여느 엄마들처럼 우리 집 꿈나무들이 건강하게 무럭무럭 자라서 활짝 꽃피우고 열매 맺기를 바라는 마음이구요. 또 한 가지가 있다면 제 영혼이 담긴, 작지만 제 이름으로 된 예쁜 수필집을 하나 갖는 것입니다.

'삶의 장애로 다소 힘들었지만, 그 사람 아름다운 것들을 사랑하며 살았구나' 라는 말을 듣고 싶어 서지요.

저처럼 힘들게 살아오신 분들에게 전해주세요. 행진곡에 맞춰 걸어가는 군인들처럼 씩씩하고 힘차게 걸어가다 보면, 언젠가는 꼭 좋은 날이 올 것이라는 것을….

오늘도 저는 꿈조각을 줍는 문학 아줌마가 되어 책상 앞에 앉아 있습니다.

마늘 장아찌

<u>전남 여수시 문수동 이해안씨의 사연입니다.</u>

　마늘 장아찌. 20여 년 전 근 2년 동안 저희 집 밥상에 매일같이 올라오던 반찬이 바로 마늘 장아찌였습니다.
　당시 저희 집은 빚까지 얻어가며 마늘 농사를 크게 지었는데, 마늘 값이 폭락하는 바람에 저희에게 남은 것이라고는 빚 독촉과 마늘상자뿐이었지요. 방마다 마늘 상자로 도배를 하다시피 했으니, 진동하는 마늘 냄새와 하루 세끼 마늘 장아찌를 반찬 삼아 끼니를 해결해야 했습니다. 굶어 죽어도 좋으니 마늘 냄새만 맡지 않고 지냈으면 좋겠다고 생각한 적도 많았어요. 대학 진학은 당연히 꿈조차 꿀 수 없었지요.
　하지만 지긋지긋한 가난을 이기는 방법은 대학가는 길밖에 없다고 생각한 저는 용돈을 차곡차곡 모아 독서실에서 밤을 새우며 공부를 했고, 그 결과 자랑스러운 대학 합격통지서를 받게 되었습니다. 혹시나 하는 마음에 부모님께 보여드렸지만, 역시 돌아오는 것은 부모님들의 한숨과 '부모 마음을 이렇게 몰라주냐' 라는 질책뿐이었습니다. 그 때부터 아침 일찍 완행열차를 타고 갔다가 그 차를 타고 다시 돌아오는 '하루살이 반항'은 시작되었습니다. 저를 낳아준 부모가 싫었고, 지저분하게 널려있는 마늘상자가 싫어졌어요.

그러다 기차 안에서 우연한 기회에 친구를 한 명 얻게 되었습니다. 고등학교 때 사고로 오른쪽 다리를 쓰지 못하게 된 친구였는데요. 그렇게 불편한 몸을 하고서도 매일같이 두 시간이 족히 걸리는 직장으로 출근을 하는, 그런 성실함을 지닌 친구였습니다. 매일같이 투덜거리는 저에게 어느 날 그 친구는 이렇게 말하더군요.
"나도 건강할 땐 잘 몰랐어. 세상 모든 것이 다 비뚤게만 보였었고, 나만 불행한 것 같은 생각에 반항도 많이 했었지. 그런데 직접 진짜 불행이란 것을 겪어보니 그제야 알겠더라. 내가 투덜거리며 지낸 시간들이 얼마나 행복했고, 얼마나 소중했는지 말이야."
가슴에 무언가 꽉 들어차는 듯한 느낌이 들었어요. 흔하디 흔한 말인데, 나도 익히 알고 있던 말인데, 조곤조곤 얘기하는 그 친구의 말에선 무엇인가 강한 힘이 느껴졌습니다.
그 때부터 저는 인생이라는 것에 다시 희망을 싣기 시작했고, 열심히 일하고 준비하여 혼자 힘으로 대학을 졸업할 수 있었습니다. 그리고 대학원도 마칠 수 있었고, 지금은 박사과정을 준비중이지요. 20년 전 그 친구가 제게 없었다면 이런 생활도 없었을 겁니다.
지금의 저에게는 더 이상의 방황이란 없습니다. 모두 어린 날의 투정 속으로 묻어버렸지요. '세상에 태어난 이상 건강하게 살고, 사회에 뭔가 보탬이 되는 한 사람이 되어야겠다' 라는 말이 있듯이 어떠한 절망적인 상황이라도 마음을 바꿔 절망의 뒷면, 희망을 꿈꾸고 있지요.

여자는 약해도 엄마는 강하다

경기 의정부시 용현동 현옥현씨의 사연입니다.

 86년 7월의 어느 날, 계속되는 사업실패로 남편은 집을 나가버리고 혼자된 당신 딸이 불쌍하다고 매일 밤 눈물지으시던 친정아버님마저 남편이 집을 나간 지 보름만에 심장마비로 세상을 떠나셨습니다.
 어떻게 이런 일이 한 번도 아니고 두 번씩 있을 수 있을까. 도무지 믿어지지 않는 드라마 같은 현실이 제 앞에서 벌어지고 있었지요. 하지만 어쩌겠습니까? 수긍하고 한 가지씩 정리를 해나갔어요.
 그렇게 하고 나니깐 우리 세 식구는 완전히 빈손이 되더군요. 앞이 캄캄했습니다. 어떻게 이 풍진 세상을 이 아이들과 살아야 하나, 길은 보이지 않았고 살림만 하던 내가 무얼 하면 돈을 벌 수 있는지 암담하기만 했지요. 그러나 저만 쳐다보고 있는 아이들 생각을 하니 그대로 눌러 앉아 있을 수는 없었습니다. 당장 잠잘 곳이 없었으니까요.
 '그래! 무슨 일이든 하자. 35살의 내 인생은 끝났다.'
 오로지 애들을 위해 살기로 결심했습니다. 남편이 무책임하게 버린 자식들, 꼭 훌륭히 키워 남편 보란 듯이 세상 보란 듯이 살겠다고 굳게 마음먹었죠. 나를 모르는 곳에서 생활하는 것이 여러

모로 편할 것 같아 친정의 도움을 받아 의정부에 월세 방을 얻었고 그 후로 지금껏 살고 있습니다.

그 때 아이들은 초등학교 1, 2학년이었어요. 애들과 함께 살 수만 있다면, 죄짓고 양심에 어긋나는 행동 빼고는 가리지 않고 열심히 했습니다.

언젠가는 동생이 구차하게 사는 언니가 창피하다며 전화도 하지 말라고 말하더군요. 제 모습이 그렇게도 형편 없었나봐요. 저도 사람인데, 때론 지치고 힘들 땐 푸념을 하곤 했죠. "내가 무슨 죄가 그리 많다고 이렇게 살아야 하나" 견딜 수 없는 고통이 따를 때는 죽고 싶은 생각을 하기도 했구요. 하지만 그 때마다 용기와 힘을 준 것은 역시 말썽 한번 부리지 않고 착하게만 자라주는 아이들이었습니다. 속옷까지도 얻어서 입혔는데, 그래도 항상 웃으며 잘 따라주어 고마울 따름이었죠.

지금 우리 애들은 대학생이 되어 있습니다. 대학 보낼 때도 말들이 많았지요. 없는 형편에 무슨 대학이냐고 주제를 알라고 하면서 부모, 형제들은 물론 주위에서도 다들 수군거리더군요.

형편을 보면 보낼 수 없었지만 적어도 엄마처럼은 살지 않게 해주는 것이 저의 책임이고 의무라고 믿었습니다. 그래서 아들과 딸을 대학에 보냈지요. 지금도 월세방에 살고 있지만 아침에 학교에 가는 두 아이를 볼 때마다 든든하고 너무 행복하기만 합니다.

여기까지 오기에 13년이란 세월이 흘렀고, 그 동안 열세 번의 이사와 세 번의 입원, 더욱이 97년 5월엔 공장에서 일을 하다 오른손 검지손가락 한 마디가 잘려 두 번의 수술까지 해야 했습니다. 돌아보면 굽이굽이 슬픈 눈물이 있었지만 이제는 희망만이 있습니다. 딸아이는 졸업도 하기 전에 좁은 취업문을 뚫고 당당히 취직을 했구요. 아들의 꿈은 파일럿인데 일반 대학생들에게도 그 기회가 주어져, 이젠 최종합격만을 남겨두고 있습니다.

　13년 전 보란 듯이 아이들을 훌륭히 키워내고 말겠다는 나 자신과의 약속을 당당히 지킨 제 자신이 놀랍기도 하고요. 요즘 저의 마음은 이렇게 행복함으로 가득하답니다. 세상에 대고 큰소리로 소리치고 싶어요.

　"여자는 약해도 엄마는 강하다"고.

문패를 달게 되는 날

서울 강서구 가양 3동 이명자씨의 사연입니다.

첫 출발은 아주 좋았습니다. 시댁어른들의 도움으로 정원이 있는 아담한 한옥에서 신혼의 달콤함을 누렸지요.

방 세 칸은 남에게 전세를 주고, 금방 시집온 새댁이 안주인 행세를 하며 지냈어요. 철따라 피는 꽃들이 그 자태를 한껏 뽐내던 마당 깊은 집, 바로 그런 집에서 말입니다.

이른봄이면 연분홍 고운 매화가 피고, 모란, 해당화 꽃잎이 너무나도 아름다웠으며, 흐트러지게 핀 백목련, 보랏빛 라일락 향기는 또 얼마나 그윽했다구요. 담 너머로 진홍색 줄 장미가 어찌나 예뻤던지. 지나가는 사람들이 꼭 한 번씩 훔쳐보며 지나가곤 했습니다. 여름에는 채송화, 봉선화, 맨드라미꽃들이 피어있는 마당에 평상을 펴고 누워 모깃불에 코를 막으며 남편이랑 손톱에 봉선화 끝물을 들이기도 했습니다. 가을이면 툭 터진 석류처럼 알알이 열린 대추가 탐스러웠구요.

하지만 결혼한 지 4년째 접어들었을 무렵 남편이 갑자기 직장을 그만두고 사업에 손을 대기 시작했어요. 냉동식품 사업이었는데, 15년 전만 해도 사람들이 쳐다보지 않았던 품목이었지요. 힘들었습니다. 결국 정들었던 집을 팔아야 했고, 작은 아이가 겨우 삼칠

일이 지났을 때 부산 산꼭대기에 있는 판잣집으로 이사를 해야 했어요. 밤낮으로 울어도 소용없는 일이었지요. 공동화장실을 사용해야 했고 지대가 높아 아래 마을에서 물을 길어와야 했습니다. 시장에라도 갔다오는 날이면 전 파김치가 되어야 했지요.

비가 오면 산에서 흙탕물이 내려와 집이 쓸려 내려갈지 모른다는 불안감으로 비가 그치기만을 가슴 조이며 기다려야 했구요. 정말 그 곳에서 살아보지 않은 사람은 그 심정 이해하지 못하실 겁니다.

그러던 어느 날 동네에 사시는 할머니가 해주신 말이 제 인생의 전환점을 가져다주었습니다.

"젊은 색시가 아이들이랑 고생이 많구나. 하지만 사랑하는 가족이 있는데 산 속에 천막을 치고 살면 어때. 색시는 아직 젊잖우."

내가 얼마나 사랑해서 결혼했던 사람인가. 이 사람 하나만 있으면 땅 끝이라도 따라가겠다고 결심하지 않았던가. 다시 한 번 남편에 대한 사랑을 되새기게 되었고, 힘내서 살자 다짐하게 되었지요.

그 후 저희는 서울로 올라와 사글셋방 생활부터 시작했습니다. 남편은 성실하게 직장을 다녔고, 저 또한 열심히 부업을 하며 빚을 갚아 나갔습니다. 남편은 항상 그래요, 미안하다고…. 이 세상에서 가장 예쁘고 아름다운데 철 따라 옷 한 벌도 제대로 못 사줘서 너무 안타깝다나요?

아직은 작은 임대 아파트에 살고 있지만요. 다시 남편의 이름 석 자가 적힌 문패를 달아줄 때까지 부지런히 일할 겁니다. 그리고 문패를 달게 되는 날, 저 또한 학창시절 문학소녀였던 그 꿈을 다시 펼칠 거구요.

대문에 걸린 문패, 우리에겐 희망의 또 다른 이름입니다.

작고 초라한 소원

부산시 서구 암남동 임기남씨의 사연입니다.

저의 유년시절을 더듬어보면 밝은 기억보다는 어두운 기억이 먼저 생각납니다. 무능한 아버지…. 술… 그리고 밤새도록 이어지던 아버지의 주사…. 봉지쌀….

아무렇게나 팽개쳐진 살림살이들… 직장생활에 지칠 대로 지친 어머니의 모습…. 그 중에서도 저를 제일 속상하게 했던 것은 작은 꿈마저 이룰 수 없다는 절망감이었습니다.

저에게는 세 가지 작은 소망이 있었어요. 여러 번 아버지의 손에 집어 던져져 다리를 잃어버린 낡은 밥상…. 어릴 적 저의 소원은… 신문지위에 대충 차려놓고 밥을 먹는 대신 다리 네 개가 제대로 있는 밥상에서 어머니가 금방 해주신 따뜻한 밥을 가족들이 옹기종기 모여 앉아 먹는 것이었습니다.

그리고 두 번째는 학교에서 돌아오면 이쁜 앞이마를 두른 어머니가 활짝 웃으며 저를 맞아주는 것이었고, 나머지 한 가지는 이쁜 도시락에 영양가 높고 이쁘게 장식한 반찬을 싸 가는 것이었어요.

지금 생각하면 참으로 작고 초라한 소원이었지만, 그 당시 저에게 있어서는 그보다 더한 행복은 세상에 없을 것이라 라고 생각할

만큼 소중했던 소원이였습니다.

첫 번째 소원은 초등학교 5학년때 이루워졌어요. 중풍으로 쓰러진 아버지께서 거동을 하실 수 없으셨기에 어머닌 할 수 없이 밥상을 새로 장만하셨고, 때문에 저희는 밥상에서 밥을 먹을 수 있었지요. 소원은 이루워졌지만, 그다지 행복하다는 생각은 들지 않았습니다. 그리고 두 번째, 세 번째 소원은 12년 동안의 학교생활을 마치는 동안 절대로 이루워지지 않은 채 그냥 그대로 접어 버려야 했습니다. 서른을 넘긴 지금까지도 못다 이룬 그 소원들은 제 가슴을 아프게 합니다.

얼마전 온 가족이 모여 야외로 소풍을 다녀왔어요. 칸칸이 색스럽게 담아간 점심을 보며 행복해하던 가족들에게 오래전 일을 추억삼아 꺼내보았습니다.

"엄마.. 있잖우.. 나 중학교때까지 아이들이랑 도시락 못먹었어. 칠이 다 벗겨진 도시락통이 어찌나 창피하던지. 그래도 밥은 뚜껑 열고 먹을 수 있었는데, 반찬통은 도저히 열지 못하겠더라구. 반찬이라곤 맨날 엄마가 공장에서 얻어오던 김가루였잖아요. 혼자 구석에 가서 풀풀 날리던 김가루를 찬 밥위에다 얹어서 먹고 있으면 정말이지 어디 구멍이라도 있으면 숨고 싶었어."

즐겁게 말하던 제 목소리가 조금씩 작아지고 행복한 마음으로 가족소풍을 나왔던 가족들은 아무 말도 하지 못한 채 그저 고개만 숙이고 있었습니다. 그래도 그렇게도 말을 하고 나니 속은 홀가분하더라구요.

아마도 그때의 그 어린 기억들이 저도 모르는 사이 큰 상처로 가슴깊이 남아 있었나봅니다.

계속 눈가를 찍어내시며 "그런 소리 말어. 김가루라도 먹이려고 내가 공장에서 얼마나 눈치를 봤는데..... 아휴, 오랜만에 햇볕을 봐서인지 눈이 왜 이리 아프다냐." 라고 말씀하시는 어머니.

그때의 그 기억이 생생하게 떠오르는 듯 눈가가 벌개진 언니와 동생. 예전엔 서로에게 상처가 될까 아니 자신에게 더욱더 큰 상처가 될까 아무도 그런 상황에 대해 한 마디도 꺼내지 않았으니까요.

오늘 저녁은 식탁 대신 신문지를 깔아놓고 반찬 몇 가지를 올려놓은 뒤 식구들과 함께 저녁식사를 해야겠어요. 아이들에게 엄마의 어린 시절 추억을 얘기하면서 말이에요.

마음을 닦는 방법에 대하여

서울 관악구 봉천 2동 홍신엽씨의 사연입니다.

저희 집은 어렸을 때부터 가난했습니다. 형제들이 모두 학교에 다니지 못할 정도였으니, 찢어지게 가난하다는 표현이 맞을 겁니다. 그래서 저 역시 고등학교도 제대로 마치지 못하고 사회에 뛰어들어야 했습니다. 학창 시절 공부를 잘 해서 대학교로 진학하겠다는 꿈은 애초부터 제 몫이 아니었지요. 어서 커서 돈을 벌어야겠다는 일념뿐이었어요.

처음 사회생활을 시작한 곳은 식당이었습니다. 아무 의미 없이 반복되는 노동으로는 그나마 장래성이 없다는 생각이 들어 두 달째 되는 날 이 일을 그만두었습니다. 그래서 안산에 사는 평소 알고 지내던 형을 따라 구두닦이를 시작했어요.

낯설기도 하였고 적응하기도 무척 힘들었습니다. 그러나 적응을 해야만 살 수 있다는 어쩔 수 없는 절박한 이유로 저는 일을 계속해야 했고, 하루하루를 구두약을 손에, 구두에 묻히며 마음을 닦는 기분으로 견디어 갔습니다.

열이면 열 사람 색색가지의 구두를 최소한 시간 안에 최고의 광택을 내는 고도의 기술을 배워 나갔지요. 그래야 손님이 찾아오니까요. 사람들이 보기에는 하찮은 직업으로 보일지는 모르지만 엄연한 전문 기술직이었기에 그런 대로 돈벌이가 되었습니다.

 하지만 그 때 수많은 사람들을 만나며 사회생활의 어려움과 몰인정함을 몸소 깨닫게 되었습니다. 돈이라는 치사함을 배웠고, 돈이 없어서는 안 되는 세상인 것도 알게 되었지요.

 직업에는 귀천이 없다고들 말하지만, 그건 말장난에 지나지 않았고 분명히 실제로는 직업에 귀천이 있다는 것도 실감하게 되었어요. 절망하고 또 절망했습니다. 이렇게 살아서 뭐 하나, 돈은 벌어서 뭐 하나 싶은 생각에 저는 방황하기 시작하였죠.

 사람들의 질시와 비웃음 속에서 정성스레 땀 흘려 번 돈이었음에도 저는 보란 듯이 사회에 대해 반항이라도 하듯 하루아침에 한 달 생활비를 술값으로 날려 버리기도 하였고, 몇 날 며칠을 방에만 드러누워 꼼짝하지 않고 시간을 흘려 보내기도 했습니다.

 그러던 어느 날이었어요. 같이 일하던 형이 보다못한 나머지, 저를 공터로 부르더군요. 그러면서 하는 말이 "너한테 정말 실망했다. 이까짓 어려움도 이겨내지 못하는 바보인줄은 몰랐다."며 눈물로 호소했어요. 그때서야 저는 깨달았습니다. 1년 동안 몇천 개의 구두를 닦았지만 결국 제 마음 하나도 제대로 닦지 못한 것을 말입니다.

 그날 이후 열심히 생활해서 빚도 갚을 수 있었고, 얼마간 저축도 할 수 있었습니다. 그날의 형의 눈물 때문이었어요.

 지금은 매일 밤 진학공부를 하고 있습니다. 제 꿈이 이 세상의 헐벗고 가난한 사람을 돕는 것이거든요. 하루가 너무 짧아 일하랴, 공부하랴 너무 힘이 들지만 그래도 이젠 방황하지 않습니다. 제 마음을 깨끗이 닦는 방법을 터득했으니까요.

아버지에 대한 미움을 넘어

<u>서울 강북구 수유 5동 조수경씨의 사연입니다.</u>

제 나이 이제 스물 아홉. 얼마 전까지도 전 아버지를 원망하고 미워했습니다.

초등학교 시절 아버지는 노름에 빠져 집안 일은 늘 어머니 차지였지요. 1남 6녀 자식들을 키우기 위해 어머니는 막내아들을 들쳐업고 취로사업에 나가기도 하였고 돈이 되는 일은 찬밥 더운밥 가리지 않고 다 하셔야 했습니다. 저 또한 학교를 다니기 위해서는 직접 돈을 벌어야 했습니다. 어린 여자애가 뱀도 잡아다 팔았고, 밤에는 가스 불을 들고 개울가에 나가 올챙이도 잡아다 팔기도 하였고, 가을에는 땡볕 아래서 남의 밭에 가서 고추를 따고, 또 구기자도 참 많이 땄지요. 멀리서 또래 친구들의 뛰노는 모습을 볼 때마다 얼마나 아버지가 원망스러웠으면 '그래, 내가 크기만 해봐라. 아버지가 그랬듯이 나도 아버지에게는 절대로 관심 두지 않을 거야' 이렇게 다짐하며 하루에도 몇 번씩 입술을 깨물곤 했어요.

동네 어른이 아버지를 찾아 집에 오신 적이 있었는데, 우리 아버지는 죽어서 없으니 가시라고 쏘아 부친 적도 있었어요. 노름으로 돈을 다 날리신 아버지는 아무도 손보지 않아 거의 불모지처럼 되었던 손바닥만한 땅을 일구시기 시작했어요. 그 땅을 논으로 만

들어 노름 밑천을 대기 위해서였죠. 어머니는 이유가 어찌 되었던 일을 하시는 아버님의 모습이 좋았는지 새참이니 뭐니 해서 나르기에 바쁘셨지만 저는 아버지를 용서할 수 없었습니다.

아버지도 이제 황혼을 맞으셨건만, 저는 여전히 아버지를 인정하지 않았습니다. 불과 작년까지만 해도요. 재작년 셋째 딸이 아들을 낳았다고 동네에 술을 내셨는데, 그마저 아버지의 허풍처럼 느껴지고 용돈을 모아 제 한약을 지어 보내셨을 때도 남에게 보여주기 위한 행동 같아서 그냥 그대로 쏟아버린 적도 있습니다.

그렇게 독하고 철없던 제가 변한 것은 작년 아버지의 환갑 잔칫날이었어요. 이날 잔칫상 앞에는 내가 생각한 평소의 내 아버지가 아닌 낯선 노인네가 앉아 있는 것이 아니겠어요. 구부정한 허리에 흰머리. 여기저기 검버섯이 돋고 자글자글한 주름. 분명 웃고 계시는데도 울고 있는 것 같은 표정. 너무나 초라해 보이고 서글퍼 보였습니다. 그제야 참 못된 딸이었구나 싶었지요. 얼마나 울었는지요. 할 수만 있다면 시간을 되돌려 그 동안의 잘못을 모두 다 용서받고 싶었습니다.

어제는 비록 아버지에 대한 미움으로 살아왔지만 오늘은 그리고 내일은 아버지에 대한 사랑으로 살아갈 겁니다. 어떤 잘못을 해도 부모님이야말로 거룩한 이름이라는 것을 마음 깊이 새기며 가시는 그날까지 효도하며 살아야지요. 그래서 말인데요, 요즘 적금을 하나 들고 있는데, 내년쯤이면 예전에 아버지와 함께 일군 그 논, 노름으로 잃어버린 그 논을 다시 찾을 수 있을 것 같습니다.

그 논을 다시 찾게 되는 날, 아버지를 모시고 용서를 구하고 싶어요. 그간 아버지께 하지 못했던 말을 꼭 전해드리고 싶어요.

"아버님 사랑합니다."

우리가 서로 사랑한다는 것은

전북 군산시 사정동 김화정씨의 사연입니다.

10년 전 제가 가진 것이라곤 한 달에 5만 원하는 월세 방과 대학생임을 증명해주는 학생증, 그리고 자존심이 전부였습니다.

시골에 계신 어른들께선 먹고살기도 힘든 때, 돈이나 벌다가 대충 시집이나 가면 되지 여자가 무슨 대학엘 가냐며 대학에 진학하는 걸 극구 반대하셨어요. 그래서 저는 밤새 졸린 눈을 비벼가며 아르바이트를 해야 했고, 낮에는 장학금을 목표로 열심히 공부를 해야 했지요. 꼭 성공하리라 굳게 마음먹으면서 말입니다. 몸은 무척 힘들었지만 마음껏 공부를 할 수 있다는 것만으로 위안을 삼으며 하루하루 열심히 살았어요. 적어도 그를 만나기 전까지는요.

그와 저는 같은 과 급우였지만 한 번도 얘기를 나눠본 적이 없었습니다. 그런 그와 제가 사랑을 하게 된 것은 제가 일하던 편의점에서였지요. 그가 건전지를 사러온 것을 시작으로 우린 처음 얘길 나누게 되었고, 언제부터인가 제가 끝나는 시간에 맞춰 그가 기다리기 시작했습니다.

이른 새벽 5시. 그는 하루도 빠짐없이 저를 기다렸고 저는 그런 그를 사랑하지 않을 수 없게 되었어요. 한 번도 제대로 된 사랑을 받아본 적이 없는 저에게 있어서는 누군가 나를 위해, 오직 나만을 위해 이토록 희생할 수도 있구나 하는 감격스러움은 이루 말할 수 없을 정도로 나를 행복하게 만들었어요. 그는 언젠가 저에게 이런 말을 하더군요.

"네게선 빛이 나, 그래서 눈이 부셔."

제게서 빛이 난다뇨. 전 항상 지쳐 있었고 초췌한 모습만 보여줬을 뿐인데…. 그리고 그저 죽을 각오로 악에 바쳐 살고 있었는데….

하지만 그와의 만남은 그리 행복한 것만은 아니었습니다. 몇백 원을 아끼기 위해 30분이 넘는 거리를 걷는 나와 스무 살의 나이에 자가용을 가지고 있던 그. 매일 똑같은 옷을 입고 다니는 나와 비싼 브랜드의 옷을 갖고 있던 그. 상대적으로 점점 초라해지는 저 자신을 발견할 때면 정말 비참하기까지 했습니다. 하지만 그 후로도 우린 2년간의 만남을 지속해왔고, 제가 3학년이 되었을 때 그는 군복무를 마치고 유학을 준비하고 있었습니다.

"너와 함께 가고 싶어. 금전적인 문제는 걱정하지마."

그는 없는 사람에게 마지막 희망은 자존심이란 걸 모를 사람이었습니다. 그것마저 버리고 나면 무너져버린다는 것을 몰랐던 거죠. 결국 그와 나는 그렇게 헤어졌습니다. '전 스스로 빛을 내는 사람이야. 그래서 아무도 필요치 않은 거지. 나도 날 필요로 하지 않는 사람 곁에 더 이상 있고 싶지 않다' 라는 마지막 말을 남긴 채 말입니다.

제 나이 이제 서른. 이제서야 조금은 알 것 같습니다. 사람들은 서로를 의지하며 산다는 것을. 서로의 부족한 면을 채워가면서 함께 살아가는 모습이 바로 사람들의 살아가는 모습이라는 것을요. 아마 그 때는 산다는 것은 제게 있어 하루하루 투쟁의 연속이었기에 몰랐던 것이죠.

전 요즘 새로운 사랑에 눈을 뜨고 있습니다. 10년 전 그 사람에게서 받았던 그 행복감을 나도 누군가에게 전해줄 수 있다는 자신감과 희망이 생겼기 때문이지요. 혼자서는 빛을 낼 수 없는 꼭 둘이 함께여야만 빛이 나는 그런 사랑을 꿈꾸며 오늘도 전 사랑하는 그이에게 편지를 쓰고 있습니다.

그림밖에는 모르는 남편

경기 성남시 정자동 채희정씨의 사연입니다.

답답한 마음에 펜을 들어봅니다.

전 37살의 그림 그리는 남자를 사랑했었죠. 저 역시 그림을 전공했구요. 우린 결혼을 하여 지금 6살과 3살 된 두 아들을 얻었습니다.

결혼하고 나서 몇 년은 그럭저럭 별 문제없이 지나갔습니다. 아니 오히려 행복했다 라는 표현이 더 어울리겠죠. 그런데 문제는 그림을 그리는 소질만 있을 뿐 그 그림을 현실화시킬 능력이 없다는 데 있었습니다.

우리 남편은요 현실감각만 빼면 이 세상에 그렇게 멋있는 남자가 있을 수 있을까 싶은 그런 남자예요. 그런데 그토록 멋진 그 남자의 매력이 결혼을 하고 나니 더 이상 매력으로 풍겨질 수가 없는 거였어요. 단적으로 표현을 하자면 실력은 뛰어난데 능력은 없었습니다.

우리는 그림을 그릴 수 있는 작업장도 얻을 겸 있는 돈을 모조리 털어 집을 지으려고 했습니다. 그래서 양평에 땅을 샀고, 남편 친구의 친구를 소개받아 집을 지어 달라고 부탁했지요. 그런 후로 지금 5년째—.

넉넉하지 않은 살림에 전세금을 모조리 빼서 남편은 달라는 대로 선불을 주었죠. 하지만 소개받은 남편 친구는 지금도 집을 짓지 않고 있습니다. 그 사이 친정 집으로 시댁으로 살림을 끌어안고 전전긍긍하던 저희는 도저히 안 되겠다 싶어 친구가 빌려준 돈으로 500만 원에 20만 원씩 월세를 내며 살고 있습니다.

실력은 인정받아 동분서주 보따리장사를 하는 남편, 그러나 그렇게 힘들게 번 돈은 전부 은행 이자로 들어갑니다. 그렇다고 빚이 갚아지는 것도 아니죠. 또 빚까지 얻어가며 지으려고 했던 집이 완성되어 가는 것도 아니구요.

전 요즘 두 아들을 데리고 집에 있노라면 가슴에 불덩이 같은 것이 치밀어 오르곤 합니다. 답답해서 어떻게 해야 할지 모르겠어요.

오로지 그림밖에는 모르는 남편, 그래도 건강하니까, 두 아들도 모두 건강하니까, 또 은행 빚을 갚지 못해 도망 다니는 처지도 아니니까 하며 자위하고는 있지만 그래도 사기 당했다, 속았다, 당했다 하는 생각이 들기 시작하면, 그렇게 남편이 미울 수가 없습니다. 어떻게 그리 세상물정을 모를 수가 있는 건지…. 결국 거기에 반해 결혼을 한 거면서도요.

넋두리처럼 써 내려가다 보니 답답함이 다소 풀립니다. 머리 풀어헤치고 벽을 치면서 엉엉 울던 여자가 현관벨 소리에 후닥닥 일어나 나가면서 거울을 쳐다본다고요. 월 20만 원 월세에 살면서도요.

그래도 언젠가는 은행빚 갚고, 남편을 속인 그 사람이 마음을 돌려 집을 지어주면, 두 아들과 그림밖에는 모르는 남편과 함께 꿈같이, 그림같이, 그렇게 아름답게 살날이 있을 거예요.

남편은 수채화도 그렸다, 유화도 그렸다, 동양화로도 그렸다가 판화로도 그렸다간 한답니다.

작업장에서 빛나는 얼굴로 그림을 그리는 남편, 텃밭에서 그 남편에게 내놓을 상추를 따는 저, 그 사이에서 흙을 주무르고, 원없이 뛰어 노는 우리 두 아들.

언제쯤 그리 되는지…. 오늘도 그림을 그렸다, 집을 지었다 하고 있습니다. 답답한 마음에 펜을 들어봅니다.

세 발 자전거

경기 평택군 팽성면 송광운씨의 사연입니다.

제가 제일 싫어하는 날은 비오는 날입니다. 내 손으로 우산을 들 수도 없고 이제는 나와 한 몸이 되다시피 한 클러치, 그 클러치가, 비가 내려 바닥에 물기가 있으면 잘 미끄러지거든요. 그래서 다른 사람들에겐 낭만이고, 가뭄의 단비일지 모를 비가 저에겐 세상으로 나가는데 장애물이 될 뿐입니다.

전 소아마비의 남자로 지금 37살입니다. 소아마비로 살아온 지 서른 다섯 해. 힐끔힐끔 쳐다보는 사람들의 시선이나 곳곳에 버티고 있는 계단. 이제 이런 것쯤은 제 관심거리조차 되질 못합니다. 그렇다고 완전히 장애를 극복해 낸 건 아니죠. 다만 신체적인 개성이다라고 애써 자위하며 살려고 노력할 뿐입니다.

전 아침이면 다리가 아픕니다. 왜냐구요? 밤새 꿈속에서 달리기를 하거든요. 제가 걷고 달릴 수 있는 건 꿈속에서나 가능한 일. 전 목발이나 클러치가 없으면 걸을 수가 없습니다. 그래서 제가 너무 빨리 알게 된 것이 있다면 그건 아마 꿈에도 도저히 이루어 질 수 없는 꿈이 있다는 것입니다.

얼마나 걷고 싶고, 달리고 싶은지…. 걷는 일이 아무렇지도 않은 사람들에겐 절대로 꿈이 될 수 없는, 걷고 뛰는 게 저의 꿈이죠.

어느 날 벌떡 일어서서 걷는 기적, 그런 기적을 날마다 꿈꾸는 남자. 하지만 그런 저에게도 꿈은 있습니다. 세 발 자전거로 신나게 달리는 것!

홀로 일어나 걸을 수는 없지만 자전거로는 가능할지도 모르거든요. 장애인용 자동차가 있듯이 개조만 잘 하면 자전거 정도쯤은 충분히 가능하리라 생각합니다. 그래서 언젠가는 그런 자전거를 개발해 내리라는 꿈과 포부를 지니고 있습니다.

일어나고 싶을 때 일어나서 현관문을 나서고 화장실엘 들어가고 물을 가지러 갈 수 있는 평범한 사람. 이게 제 이룰 수 없는 꿈이라면, 세 발 자전거를 개조해서 신나게 타보는 일, 이건 제 마지막 희망이자 오늘을 살게 만드는 꿈입니다.

어느 날의 해프닝

부산 동구 수정 5동 금현영씨의 사연입니다.

결혼한 지 1년하고도 2개월.

28년을 대구 토박이로 살아온 저는 결혼과 동시에 남편을 따라 친구 하나 친척 한 명 없는 부산으로 와야 했습니다. 주위에 늘 친구들과 직장 동료들로 가득했던 저는 남편 하나만을 바라보며 살아야 하는 '해바라기' 주부로 바뀌었고 그렇게 살아야 하는 하루하루는 부산을 더 이상의 낭만과 추억의 도시로 남겨두지 않았습니다. 어느 누구에게 '힘들다' 라는 소리도 못하고 취미 생활을 하면서 그 나름대로 부산 생활에 적응을 하려고 무던히 노력했어요.

그러던 어느 날 그렇게 참고 또 참고 있었는데 연락도 없이 점점 늦어지는 남편의 귀가문제로 전 더 이상 어쩌지 못하는 상태까지 가게 되었고 목이 터져라 소리 치고 싶은 마음에 문을 열고 들어오는 남편에게 달려가 쏘아 부쳤지요. 28년 동안 그렇게 울어본 적이 없을 만큼 목놓아 울며 속상하다고, 결혼이란 게 이런 것이었다면 애초에 하지 않았을 거라며 결혼한 걸 후회한다고 소리쳤습니다.

남편의 말은 걱정할까봐 한잔 하자며 붙잡는 직장 동료들의 유혹을 매번 뿌리칠 수 없었노라는 것이었어요. 그 말에 전 더 화가 났죠. 자기 하나만을 바라보며 살고 있는 나는 생각도 안 하고 그깟 동료들에게 거절하는 것이 어려워 늦게 들어온다는 게 어디 말이나 될 법한 얘긴가요. 저의 우는 모습을 물끄러미 바라보고 있던 남편은 그저 미안하다는 말만 전하더군요. 남편의 그런 힘없는 모습에 전 울음을 그치긴 했지만 몇 개월간의 힘들었던 일들을 생각하며 훌쩍 훌쩍거리며 돌아앉아 있었지요.

말없이 절 꼭 안아주며 등을 쓸어주던 남편은

"사실 당신이 걱정할까봐 얘기하지 않고 혼자서 고민하고 있던 게 있어. 나 대기발령 받았거든. 회사 사정이 너무 어려워. 1년 후에나 정식 발령을 내주겠다고 하네. 그래서 그 동안 타부서 직원들 사이에 책상 하나 놓고 근무했었어. 도저히 술을 먹지 않고는 견딜 수가 없더라구."

비록 적은 월급이었지만 보너스도 나온 후라 그런 일이 있으리라고는 상상조차 하지 못했는데 그 동안 남편 혼자서 얼마나 힘들었을까 생각을 하니 남편에게 분풀이를 한 제가 부끄럽기도 하고 미안한 마음이 들어 한 동안 얼굴을 들지 못했습니다.

지금요? 1년 후에나 내주겠다던 정식 발령이 조금 앞당겨져서 이제는 정식 자리에 배치되어 일을 하고 있답니다. 비록 그전보다 더 힘들고 퇴근시간은 늦어졌지만 일을 하며 느끼는 행복감에 만족해하는 남편을 보면 저 또한 든든한 마음에 행복해지죠. 다른 사람들처럼 싹싹한 애교가 없어서 단 한번이라도 방긋 웃으며 대해주지 못한 게 그저 미안하기만 하지만 누구 못지 않게 남편을 사랑하고 있다는 사실 그것만은 알아줬으면 좋겠어요.

제 소원은 남편과 저를 꼭 닮은 예쁜 아이를 낳아 건강하게 키우는 것입니다. 저희 둘의 사랑을 담아 건강한 아이를 낳을 수 있도록 기도하고 있어요.

도넛 속의 남동생

경기 시흥시 신천동 황금례씨의 사연입니다.

지난 가을 신문지에 돌돌 말아 장롱 위 깊이 올려두었던 돗자리를 깔고 선풍기를 꺼내 놓으며 새로운 여름을 준비합니다. 삼베 이불이랑 베개 하나를 꼭 갖고 싶었는데 올해도 생각만으로 그치고 마는가 봐요.

얼마 전에 동생이 왔습니다. 결혼을 하고 포항에서 살고 있는 제 바로 아래 남동생이 컴퓨터 프로그래밍 교육을 받느라 저희 집에서 며칠간 머물다 떠났는데 동생이 잠시 머물렀던 그 자그마한 방이 오늘따라 더 넓게만 보입니다. 지금은 한 아이의 아빠로 한 여자의 남편으로 자신의 자리를 굳건히 지키고 있는 자랑스런 동생, 그 동생이 재수를 하던 13년 전의 일이 아련히 떠오릅니다.

아버지께서 돌아가신 지 몇 해 지나지 않은 때라 동생들도 모두 어렸고 어머님은 일곱 자식들 입에 풀칠하기도 급급했던 터라 동생의 대학진학이란 꿈은 어쩌면 너무도 먼 곳에 있는 무지개 같은 것이었습니다. 하지만 확고한 동생의 의지 앞에서 누나인 제가 동생을 책임지기로 하고 저희 둘만의 생활이 시작되었지요.

적은 월급으로 방세, 학원비, 책값 늘 허덕이는 생활이어서 용돈이란 생각조차 하지 못했고 교통비마저 잔돈으로 맞춰 줄 수밖에 없는 상황이었습니다. 후배가 물려준 하얀 플라스틱 통에 보리쌀이 섞인 밥 한 그릇과 김치 몇 조각으로 도시락을 싸줄 수밖에 없었던 어느 날이었어요. 동생이 도넛이 먹고 싶다는 것이었어요. 곱살스럽지 못한 저는 "돈이 어디 있니?" 참으로 무심히 일축해 버렸어요.

며칠이 지났을까. 야근이 늦어져 밤늦게 집에 들어가 보니 동생은 촉촉이 기름이 배인 하얀 종이봉지를 들고 "누나 도넛 먹자"라고 말하더군요. 도넛이 얼마나 먹고 싶었으면 한 시간도 넘는 거리를 걸어다니며 차비를 모았을까. 그리고 또 그렇게 먹고 싶었던 도넛일텐데 누나가 오면 같이 먹으려고 올 때까지 기다려준 동생을 생각하니 차마 그 도넛을 목으로 넘길 수가 없더군요.

유난히 추웠던 그해 겨울 연탄 한 장 피워보지 못하고 냉방에서 지내야 했는데 그나마 살을 에는 듯한 추위를 이겨낼 수 있었던 것은 동생의 그런 따듯한 마음 때문이 아니었나 싶습니다.

이불 한 장씩을 돌돌 말고 잠을 자던 기억. 추위를 견디지 못한 동생이 헤어드라이를 가슴에 품고 자다가 내의가 다 눌어버린 일, 연일 밀가루만 먹다보니 어쩌다 쌀밥을 먹게 되는 날이면 어김없이 화장실을 들락날락 했어야 했던 기억들. 이듬해 꽤 이름 있는 공과 대학에 동생이 장학생으로 입학했다는 소식, 이 모든 것들을 그저 아름다운 한편의 추억으로 돌려놓기에 충분했습니다.

도넛을 품안에 안고 달려오던 20살의 동생. 지금은 직원수가 3천여 명이 넘는 회사의 기획실에서 요직을 맡아 자신의 목표를 향해 성실히 생활하고 있지요.

사람이 살아가면서 겪게 되는 수많은 일들 중에서 유난히 지치고 힘들고 가슴 시렸던 일들이 세월이 많이 흐른 후에 돌아보면 훨씬 더 아름답고 소중하게 느껴지나 봅니다. 물론 어려움을 잘 이겨낸 다음에야 맛볼 수 있는 것일 테지만 저 역시 그때의 어려웠던 추억들이 있어 지금의 삶이 더 의미 있고 소중하게 여겨지는 게 아닐까 라는 생각이 드는군요.

그리고 다시 또 10년이 흐른 뒤 지난 오늘을 생각하며 다시금 오늘처럼 미소 지을 수 있도록 앞으로 좋은 일만, 아니 이겨낼 수 있는 일만 일어났으면 좋겠어요.

첫 그림이 완성되는 날

<u>부산 진구 당감 2동 정순필씨의 사연입니다.</u>

언제부터 가진 꿈인지 몰라도 어릴 적부터 저의 꿈은 화가가 되는 것이었습니다. 무작정 그리는 것이 좋아 자그마한 툇마루에 엎드려 눈에 보이는 모든 것, 고양이도 좋고, 마당 구석에 놓인 리어카도 좋고, 신발, 나무 등 모든 것이 제 그림의 좋은 모델이 되었지요.
 어디선가 그림을 그릴 때는 두 손으로 네모난 카메라를 만들어 구도를 잡는다 라는 것을 알게 된 저는 항상 두 손을 모아 사물에 빗대어 보곤 했어요. 어려웠던 형편에 스케치북이나 크레파스는 구경도 못했지만 광고지나 쓰다 남은 종이조각에 흑심에 침을 발라가며 그림을 그렸습니다. 동네 어른들은 어린 저의 그림을 보며 칭찬을 하셨고 어머니는 물론 엄하셨던 아버지까지도 앞으로 크게 되겠다며 칭찬을 아끼지 않으셨지요.
 제 나이 열 다섯 때였던가요. 그날도 그렇게 툇마루에 앉아 용돈을 모아 산 크레파스로 제 손을 그리고 있는데 어디선가 굵은 아저씨의 음성이 들려왔어요.
 "어허 그놈 참 잘 그리는 구나." 고개를 들어보니 마흔쯤 넘어 보이는 아저씨가 서 계셨는데 제가 얼굴을 붉히며 작은 손으로 그림을 가렸더니 "부끄러워할 것 없다. 미술학원 다니느냐?" 라고 물으셨어요. 학원이라뇨. 하루살기도 빠듯했던 가정형편에 학원이 웬말입니까. 때마침 일을 마치고 들어오신 아버지를 붙잡고 아이가 소질이 있으니 무료로 가르쳐주겠다며 아버지를 설득해 보셨지만 아버지는 일언지하에 거절하셨습니다.

"안 합니다. 딸내미를 화가로 만들어서 뭐합니까. 계집애야 고등학교 졸업해서 좋은 남편이나 만나면 제일이지. 필이 너도 그리 알고 이제 그림은 그만 그려라." 그걸로 끝이었습니다.

어릴 적부터 키워오던 제 꿈은 아버지의 그 단 한 마디로 채 펴보지도 못한 채 그렇게 끝이 나고 말았지요. 왜 한 마디라도 "하고 싶어요 아버지" 라는 말을 하지 못했을까. 하지만 그때 우리 가족에게 있어 아버지의 말씀은 곧 하늘의 말과 같았습니다. 조금이라도 어길 시에는 불호령이 내려졌으니까요.

아버지가 정하신 대로 여상을 진학해서 평범한 직장에서 경리 일을 해온 지 벌써 10여 년이 흘렀습니다. 얼마 전 동창회에 나가 친구들의 모습을 보고 있자니 가슴이 답답해져 오더군요. 예나 지금이나 아무 변함없이 그대로 주저앉아 있는 사람은 바로 저밖에 없었습니다. 서른의 나이란 뭔가 이뤄놓았을 나이니까요. 그날 이후 자꾸만 일어서는 그림에 대한 열망 때문에 밤잠을 설치는 일이 잦아졌고 저는 또다시 15년 전의 꿈을 다시 꾸게 되었습니다.

이제 4B 연필조차 어떻게 쥐어야 하는지, 무엇을 그려야 하는지 난감하기만 하지만 다시 한 번 두 손으로 카메라를 만들어 하늘에 대봤다가 나무에 대봤다가 그렇게 나만의 하늘 나만의 나무를 꿈꾸어 봅니다.

저의 첫 그림이 완성되는 날, 그 그림을 누구에게 선물로 줄까 곰곰 생각하고 있어요.

새벽별을 보며

전남 여수시 한려동 김선화씨의 사연입니다.

날씨가 무척이나 무더운 오후입니다. 세월은 날아가는 화살과 같다 라는 말을 증명이라도 하듯 어느새 한 해의 반이 훌쩍 흘러가버렸네요. 저는 보통 남자의 몸으로도 견디기 힘들다는 건설현장에서 건축기사로 일하고 있는 20대 후반의 여자입니다.

불과 3년 전만 해도 멋진 캐리어 우먼을 꿈꾸는 영문학도였는데 막상 대학을 졸업하고 사회로 나와보니 사회는 그렇게 호락호락하지만은 않더군요. 내일부터 출근해도 좋다 라는 곳에서 맡게 된 일은 전공과는 무관한 일용잡부직에 지나지 않는 것이었습니다.

"내가 왜 대학을 갔는데 내가 왜 4년 동안 악착같이 공부했는데? 그래 커피심부름이나 하는 일을 할 바에야 차라리 집에서 놀고 말지."

평소 한창 정열적으로 일할 나이에 아무 할 일없이 노는 것이야말로 세상에서 제일 바보나 하는 짓이다 라고 생각하던 저였음에도 불구하고 저 또한 여느 사람들과 마찬가지로 집에서 하루종일 먹고 자는 백수가 되어버린 것입니다.

하지만 노는 시간이 길어지면 질수록 스스로 무기력해지는 것은 물론이고, 가족들에게 너무나 죄스러운 마음이 들더군요. 가정형편이 그리 넉넉한 편도 아니었고 밑으로 아직 공부를 마치지 못한 동생이 셋씩이나 있었으니까요.
 "그래, 그깟 자존심 내세우면 뭐하냐. 경험이다 생각하고 시작해보자."
 직원이 5명도 안 되는 회사였지만 그렇게 싫어하던 커피나 타고 간단한 심부름이나 하면 되는 아주 단순한 일이었지만 누구보다도 더 성실히, 더 적극적으로 일했습니다. 짬짬이 시간 나는 대로 새로운 공부도 하면서 말이에요.
 그때 그렇게 짬짬이 시간 내서 하던 공부가 바로 건축기사 공부였습니다. 평소 건축에 대한 관심도 많았고 무엇보다 남자들과 동등한 위치에서 능력대로 평가를 받을 수 있다는 장점이 있어 시작하게 되었지요. 그렇게 1년을 공부해서 저는 비로소 건축기사 자격증을 따낼 수 있었고, 이젠 떳떳이 내 능력을 발휘할 수 있다 라는 생각에 자격증을 받은 날 뜬눈으로 밤을 하얗게 지새우기도 했습니다.
 물론 새벽 별을 보고 출근해서 다시 새벽 별을 보고 퇴근을 해야 하는 주말도 없는 생활이었지만 하루하루가 그렇게 즐거울 수가 없습니다. 물론 즐거운 일만 있는 건 아니지요. 이동이 많은 일이라 이력서를 자주 내곤 하는데 이력서를 낼 때마다 여자가 무슨 이런 일을 하냐. 여자가 하면 또 얼마나 잘 하겠어. 시집이나 가지 그래 라는 말을 꼭 들어야 하니까요. 아직까지 우리 사회에선 여자가 해야 할 일, 남자가 해야 할 일이 나눠져 있어 씁쓸하기만 합니다.
 조금 더 경력을 쌓아 30대에는 이 분야에서 제일 가는 기술자가 되는 것이 저의 꿈입니다. 누군가 그러더군요. "하늘은 한쪽 문을 닫을 때 또 다른 한쪽 문은 반드시 열어 놓으신다구요." 오늘도 전 그 다른 한쪽 문으로 나가기 위해 뙤약볕 건설현장에서 열심히 일하고 있습니다.

민정이 엄마

경기 부천시 소사구 심곡본동 하재희씨의 사연입니다.

저희 시댁은 아들 형제만 둘인 자손이 귀한 집안입니다. 그 때문인지 자식인 저희 대에까지 대물림을 하여 형님은 결혼 7년, 저는 결혼 4년이 되었어도 아기 소식이 없었지요. 다른 사람들은 청첩장을 돌리기가 무섭게 임신을 잘도 하던데 저희 집은 몇 해가 지나도 아기 소식이 없으니 가족 모두가 그저 입밖에도 내지 못한 채 마음으로만 아파해야 했습니다.

그러던 어느 날 형님이 입덧을 시작했어요. 집안은 일순간 축제 분위기가 되었고, 가족 모두가 서로 먼저 아기 용품을 사려고 토닥토닥 입씨름까지 할 정도였답니다. 그렇게 가족들의 기대와 사랑을 한 몸에 받고 태어난 우리 민정이. 어찌 그리 이쁘고 귀엽던지 그때의 그 감동은 이루 말할 수 없을 정도입니다. 그리고 민정이가 옹알이를 시작할 즈음 드디어 제게도 변화가 찾아왔습니다. 임신이란 것을 알았을 때 눈이 통통 붓도록 울어버렸지요.

그런데 어떻게 이런 일이 있을 수 있습니까. 종종 두통을 호소하던 형님이 '별일 아니겠거니' 차일피일 미루고 있다가 참을 수 없게 되었을 때 병원에 갔더니 뇌종양 말기라는 소견이었어요. 원인은 스트레스라고 하더군요. 그 동안 아이 때문에 얼마나 속을 태웠으면 형님은 진단을 받은 지 40여일 만에 어린 민정이 때문에 눈도 감지 못한 채 세상을 등지고 말았습니다.

참으로 암담하고 서러웠지요. 어린 자식을 두고 먼길을 떠난 형님도 이 세상에서 가장 든든하고 믿을만한 울타리인 엄마를 잃은 민정이도 그리고 말을 잃어버린 아주버님도 너무나 가여워서 정말 하늘에다 두 눈 부릅뜨고 대들고 싶었습니다.

하지만 그래도 남겨진 자는 자기 몫의 삶을 살아야 하는 거지요? 워낙 늦은 나이에 초산이라 조심해야 한다는 의사의 말을 뒤로 한 채 임신 6개월에 접어들 무렵 민정이를 저희 집으로 데리고 왔습니다. 너무나 급작스럽게 일어난 일이라 그때까지도 망연자실하고 있는 어머님께 어린 민정이를 그냥 둘 수만은 없었어요.

육아책을 달달 외우다시피 했는데도 아이 키우는 일은 너무나 힘에 부치더군요. 그래도 어린 민정이는 저를 격려라도 하듯 크게 아프지 않고 잘 자라 주었습니다. 민정이가 돌을 지낸 얼마 후 우리 아기 한얼이가 태어났고 갑작스레 연년생의 엄마가 된 저는 울지 않으려고 입술을 깨물었지만 하루에도 몇 번씩 눈물이 흘렀어요. 그렇게 간절히 원할 때는 아이를 주시지 않더니 한 여인을 데려가신 지금에서야 두 아이를 주신 하늘이 너무도 원망스러웠습니다.

오늘은 이 세상에서 가장 향기롭고 멋진 꽃을 선물 받은 날입니다. 어느새 유치원에 다니는 여섯 살 짜리 딸아이, 우리 민정이가 수업시간에 만들었다며 색종이로 접은 장미꽃을 주더군요. 선생님이 세상에서 가장 좋아하는 사람에게 선물하라고 했대요. 그래서 엄마에게 주는 것이라고 말하더군요. 받으면서 마음속으로 그랬어요.

"형님. 형님 지금 보고 계시죠? 형님과 제 딸 우리 민정이가 이

만큼 컸어요. 사실 이 꽃은 형님이 받으셔야 하는 꽃이지만 제가 받았다고 형님. 지금 울고 계신 건 아니죠?

　잘 키울 게요. 엄마가 되어주고, 작은 엄마가 되어주고, 때론 언니도 되어서 잘 지켜줄게요. 너무 샘내지 말고 지켜 봐주세요."

아버지의 손을 잡고

<u>서울 종로구 재동 김민숙씨의 사연입니다.</u>

어제는 결혼을 앞두고 제 방의 물건들을 하나씩 정리했습니다. 그러다 오랫동안 묵혀두었던 앨범 하나를 펼쳐보게 되었는데 지금처럼 사진이 흔하지 않았던 때라 그런지 입학식, 졸업식 등 기념일에 찍은 사진들이 전부이더군요. 사진 속의 추억을 찾아 떠나는 시간 여행에 부끄러운 기억이 먼저 떠올라 한참동안 얼굴을 들지 못했습니다.

아버지 연세 50이 넘어서야 낳은 자식, 저는 칠 남매의 막내로 자랐습니다. 친구들의 부모님에 비해 너무나 늙으신 저희 부모님의 모습이 너무나 창피했지요. 그래서 가급적 친구들에게 부모님을 보이기 싫어했어요. 초등학교 졸업식, 이미 반백이 되어버린 부모님의 모습이 많은 친구들 앞에 공개적으로 드러날 졸업식을 앞두고 저는 괜한 투정을 부렸습니다.

겨우 겨우 저를 달래어 사정을 들은 큰언니의 설득으로 그날 부모님께선 난생 처음 머리에 염색이라는 것을 하고 나타나셨고 독한 염색약 때문에 얼마동안 머리에 피부병을 앓으셔야만 했습니다.

중학교 졸업식, 전 또다시 엄마 아빠는 오지 말고 언니 오빠들만 와달라고 했어요. 그리고 넌지시 이유를 묻는 부모님께 "친구들 부모님들은 모두 젊은데 엄마 아빠는 할머니 할아버지 같단 말이야. 창피해" 라고 소리치고 말았지요.
　야단을 치는 큰오빠를 말리며 아버지는 오히려 '허허' 하시며 웃음만 지으셨습니다. 중학교 졸업식 역시 부모님께서는 머리에 염색을 하고 와주시는 것으로 끝이 났고 저의 불효는 계속되었습니다. 더 이상 투정을 부릴 염치도 명분도 없으신 고등학교 졸업식. 설령 제가 또다시 투정을 부린다해도 이제는 염색할 머리카락 조차 남아있질 않은 아버지 그리고 머리 염색만으로는 젊어 보일 수 없는 어머니. 그런 두 분을 모시고 잔뜩 인상을 쓴 채 찍은 사진은 겨우 한 장. 그 한 장마저도 앨범에 끼워놓기가 싫어 그냥 책 속에 꽂아 놓았다가 잃어버리고 말았습니다.
　나중에 그 앨범을 본 친구들이 "고등학교 졸업식엔 부모님이 참석 안 하셨니?" 라고 물을 땐 정말 어디로든 숨고 싶은 심정이었지요. 하지만 뒤늦게 후회한들 무슨 소용이 있겠어요. 어려운 형편 속에서도 칠 남매를 모두 대학까지 보내주시고, 특히 막내인 저에겐 더 많은 애정을 베풀어주신 부모님. 대학 졸업식만큼은 자랑스런 딸의 모습과 감사하다는 말씀을 드리고 싶었는데 그냥 그대로의 모습인 부모님을 모시고 축하 받고 싶었는데 그렇게 하질 못했습니다.
　제 졸업식을 며칠 앞두고 아버지께서 중풍으로 쓰러지셨어요. 임종이 거의 임박하셨다는 소리에 가족 누구도 그 자리를 떠날 수 없었습니다. 그날 제 눈물을 본 친구들은 아마도 그 눈물이 쓸쓸한 제 졸업식 때문이라고 생각했을 거예요. 그렇게 와 보고 싶어 했던 딸의 졸업식, 한번도 부모님의 마음을 편하게 해드리지 못한 죄스러움 때문이었지요.
　다행히 아버지께서는 위험한 고비를 넘기고 이제는 집에서 조금씩 거동을 하실 만큼 건강을 회복하셨습니다. 병상에 계시면서도 막내딸의 혼사를 걱정하며 혹시 당신의 병이 깊어져 결혼식에 참석치 못하는 일이 생길까봐 혼신의 힘을 다하시는 아버지 —.

  제 생애 가장 소중한 그날 제 생애 가장 아름다운 모습을 제가 가장 존경하는 부모님께 직접 보여드리고 싶습니다. 그리고 그날의 결혼식에는 저는 꼭 큰오빠의 손이 아닌 자랑스러운 아버지의 손을 잡고 신부 입장을 할 거예요. 제가 아버지를 부축해서 걷는 한이 있더라도 이제는 떳떳이 부모님을 세상에 보일 겁니다.

굴뚝에서 태어난 딸에게

경기 수원시 팔달구 매탄 3동 정정분씨의 사연입니다.

저는 칠순을 눈앞에 둔 할머니입니다. 한 달 전, 큰 병원에서 퇴원한 지 얼마 되지 않았지요.

늑막에 물과 공기를 빼내는 수술을 하고 상태가 좋아 지금은 이렇게 편지까지 쓸 수 있으니 얼마나 감사한 일인지 모르겠어요. 제가 이렇게 빨리 병을 발견하고 또 빨리 나을 수 있었던 것은 바로 우리 둘째딸 현진이 때문이지요.

저는 열아홉 살에 시골로 시집을 가서 첫 딸을 낳았는데, 시어른들이 독자한테 시집와서 딸을 낳았다고 어찌나 시집살이를 시키던지….

동지섣달에 두 번째 아이를 낳게 되었을 때는 굴뚝에 지푸라기를 깔고 거기에서 혼자 아이를 낳았답니다. 이번에도 또 딸이면 어쩌나 싶어서요. 역시 제 걱정대로 태어난 아이는 딸이었습니다.

하늘이 노랗게 보였고, 시어른들의 따가운 눈빛을 생각하니 더럭 겁부터 나 차라리 저 아이가 죽어버렸으면 하고 빌기도 했어요. 참 나쁜 어미였지요. 독한 어미였지요.

그 추운 날 굴뚝에서 애를 낳고 방으로 들어갔을 때, 시어머니는 놀라시면서도 또 딸이라고 미역국도 끓여주지 않으시더군요.

아이는 성장하면서도 미운 오리새끼처럼 자라야했어요. 언니가 입던 옷이나 물려 입고, 겨우 초등학교만 보냈을 뿐, 상급학교는 구경도 못시켰습니다. 공부 잘 하니까 장학생으로 추천할 테니, 중학교를 보내라는 선생님의 간곡한 부탁에도 '계집애가 공부 많이 하면 팔자 사나워진다' 라는 시어머니의 완고한 고집에 울고불고 며칠을 밥도 안 먹고 드러누워 있는 아이를 전 그저 쳐다보고만 있어야 했습니다. 참 무능한 어미였지요. 어미라고 할 수도 없었지요.

그런데 지금 제가 제일 덕을 보고 있는 자식이 누군지 아십니까? 바로 못 가르쳐서 안쓰러워하는 그 둘째딸이랍니다. 물론 다른 애들도 잘하지만 우리 둘째는 매일 하루에 한 번씩 전화를 하고, 한 달에 한 번은 꼭 다녀가고, 올 때마다 영양제며 옷, 고기 등을 사오지요. 용돈 기만원 주면 효도를 다 한 것인 양 알고 있는데, 우리 둘째딸 현진이는 이 어미의 아쉬운 것을 하나하나 꼼꼼히 챙겨준답니다. 굴뚝에서 낳은 그 어린 핏덩이 우리 현진이가요.

"둘째야, 이 못난 어머니 용서해달라는 말은 하지 않으마. 그냥 무능력한 어머니였지만, 마음만큼은 어느 누구보다도 널 이쁘게 키우고 싶었던 마음, 그것만 알면 된다.

현진아 사십 고개를 넘긴 네가 공부를 다시 하겠다고 야학에 입학했다고 말했을 때, 이 에미 이젠 죽어도 여한이 없겠구나 생각했어. 하지만 내가 병원에 누워 있을 때, 니가 그랬지? 엄마랑 꼭 입학식에 같이 가고 싶다고…, 그러니까 건강하게 곁에 있어만 달라고. 그래 너 입학식 하는 거 보고, 너 학교 가는 것도 보고, 졸업하는 것도 다 볼 거다.

이 못난 에미 사랑하는 내 딸 현진이를 위해 오래오래 살 거야. 그래야 너에게 조금이라도 용서를 구하지 않겠니. 현진아 사랑한다."

엄마의 이름을 다시 찾던 날

경북 경산시 압량면 최인숙씨의 사연입니다.

며칠을 우체통 앞에 빙빙 돌며, 마음졸이며 기다리던 편지가 드디어 오늘 도착했습니다.

어느 누구에게도 '예쁜 이름이네요' 라는 말 한 마디 들어본 적 없는 그저 평범한 제 이름 석자 '최인숙'이 반듯한 글씨로 적혀있는 편지. 누가 보낸 편지인지 너무나 잘 알면서도 마음속에 이는 작은 떨림과 설렘은 하루종일 그치질 않았습니다.

스무 살이 갓 넘어 남편과 결혼한 저는 남편에게 모든 것을 의지했고, 전세계약서는 물론 적금통장, 심지어 날마다 배달되는 우유대금 영수증에도 꼬박꼬박 남편의 이름을 써주었습니다. 그러다 보니 남편 이름으로 날아오는 경조사 우편물, 그 중에 제 이름이 적힌 우편물을 찾기란 여간해서는 찾아볼 수 없는 일이 되어버렸지요.

그 후 두 딸이 태어나고 저는 모든 사람들로부터 '지희 엄마'라는 새로운 이름으로 불리게 되었습니다. 가끔 친구들의 전화를 받으면 '지희니?' 하는 소리가 정겨웠고, 한 번도 '내 이름은 인숙이야, 인숙이로 불러 줘' 라는 말을 하지 않았어요. 남편의 아내로서 누구의 엄마로서 열심히 살아가는 것만이 전부인줄 알았으니까요.

제 나이 서른 다섯, 어느 날 갑자기 공허함이 밀려오더군요. 서른 다섯 해를 살면서 나는 무엇을 했나, 나에게 남은 건 무엇인가, 저에게는 어떠한 명예로운 흔적조차 남아 있지 않은 것 같았습니다. 내 이름 석자조차도 포기한 인생. 언제부터 '최인숙'이라는 삶을 밀쳐놓고 지금 여기까지 오게 된 것일까 곰곰이 생각해보았지요.

비가 오면 슬퍼진다고 친구에게 전화하던 일을 그만두었을 때부터, 외식하자고 전화하는 남편에게 집에서 삼겹살이나 구워먹자고 잘라 말할 때부터, 청바지보다 고무줄 바지가 좋아지기 시작했을 때부터, 내 이름 석자는 나조차도 기억하지 못한 곳에 감추어두고 남편 이름과 딸 이름을 마치 내 이름인양 쓰고 있었던 것 같습니다.

세 살 먹은 큰 아이가 말을 막 배우기 시작할 무렵, 구멍가게 아주머니가 제 아이에게 나이며 이름, 사는 곳을 물었던 적이 있었어요. 발음도 제대로 되지 않는 혀 짧은소리로 대답을 하는 아이. 그 모습이 어찌나 귀여웠던지 아주머니는 '아빠 이름은 뭐니? 엄마 이름은?' 이라고 다시 물었고, 아이는 '아빠 이름은 김성민, 엄마 이름은 지희엄마!!' 라고 조금의 주저함도 없이 자신 있게 대답하더군요. 저도 그땐 제 아이의 귀여운 모습에 웃었었는데….

지금도 딸아이와 나란히 길을 걷고 있다. 뒤에서 "지희야" 라는 소리가 들리면 우린 동시에 뒤를 돌아다보곤 합니다. '인숙' 이라는 이름보다 누구의 엄마로 익숙해져서 그럴 테지요.

하지만 이젠 달라질 겁니다. 다소 늦은 감이 있긴 하지만, 제 이름을 찾아 제 인생을 새롭게 가꿔 나가야지요. 엄마에게도 엄마만의 이름과 인생이 있다는 것을 아이들에게 알려주고 싶습니다.

보내는 이 최인숙, 받는 이 또한 최인숙.

며칠 전 나에게 쓴 편지를 쓴 후 오늘에서야 그 편지를 받았는데, 그 기분 정말 좋았습니다.

네 딸을 두고 떠난 어머니

경기 부천시 원미구 중동 권명희씨의 사연입니다.

"엄마, 내 알림장. 엄마, 내 실내화…" 아침마다 저를 부르는 아이들의 숨 넘어가는 소리가 오늘따라 제 가슴을 울립니다.

서른 일곱 번째 생일, 오늘은 저의 특별한 생일날이에요. 제 손으로 직접 지은 밥과 미역국을 끓여 생일 상을 차리면서도, 그리고 '속쓰린데 북어국이나 끓이지 않구 무슨 미역국이야' 아내의 생일도 몰라주며 어젯밤 과음으로 인한 자기 속만 생각하는 무심한 남편의 퉁을 들으면서도 전 괜찮습니다.

하지만 장롱 속에 깊이 감추어둔 저보다 더 젊은 모습의 사진 속 친정 어머니를 꺼내보며 저는 울고 말았습니다.

엄마, 나의 엄마는 서른 일곱, 그리 많다고는 할 수 없는 나이에 세상의 끈을 놓았습니다. 내리 딸만 넷을 낳고 쏟아지는 질책과 구박 때문에 그리고 실망과 아들에 대한 집착 때문에, 한참을 맘고생만 하시다가 끝내 스스로 세상을 등지고 말았지요. 어떻게 어린것들을 남겨두고 눈감을 수 있냐는 아버지의 절규에도, 제발 그만 자고 일어나라는 철모르는 동생들의 억지에도 어머니는 눈을 뜨지 않으셨습니다.

그땐 그저 어머니가 깊은 잠에 빠져있다고만 생각했었지요. 어린 저와 저보다 더 어린 동생들은 죽음이 무엇인지, 그 슬픔이 무엇인지 몰랐으니까요.

　계절이 지나서야 저희들을 따뜻하게 품에 안아줄 어머니가 안 계시다는 것을 알았습니다. 즐거운 일이 생겨도 슬픈 일, 괴로운 일이 생겨도 함께 나눌 어머니가 안 계시다는 것, 그건 아픔이었습니다.

　너무나 깊은 외로움, 그리움, 슬픔…. 그보다 저를 더 아프게 한 것은 어머니에 대한 죄책감이었습니다.

　내가 남자로만 태어났어도, 아니 네 자매 중에 누구 하나 아들로만 태어나 주었더라면 어머니를 그렇게 허망하게 보내지는 않았을 텐데…. 여자인 제 자신이 그렇게 밉고 싫을 수가 없었습니다.

　그러다 저를 여자로 다시 만들어준 지금의 남편을 만났어요. 언제나 짧게 자르고 다니던 머리는 저도 모르게 긴 생머리가 되어갔고 남자 같은 무뚝뚝한 말투는 부드럽고 고분고분한 말투로 바뀌어갔습니다. 저를 한 여자로서 떳떳하게 만들어주었지요.

　오늘은 제가 서른 일곱이 되는 날이에요.

　아들을 낳지 못하고 딸만 낳는다고, 단지 그 이유 때문에 세상을 떠나야 했던 나의 어머니가 삶을 마쳤던 바로 그 나이가 된 겁니다.

　이젠 조심스럽게 어머니를 용서하려고 해요. 그 길을 선택할 수밖에 없었던 어머니를, 나에게 크나큰 짐을 주고 훌쩍 떠나 버린 어머니를 그 불쌍한 여자의 삶을 이젠 이해하려고 합니다.

　"엄마 이제 편히 쉬세요. 당신 딸들은 엄마가 그렇게 소원했던 아들도 낳고 잘 살고 있잖아요. 그러니 이제 그만 힘들어하세요. 그리고 저요, 아침마다 '엄마' 하고 힘차게 부르는 어머니의 손자들, 품에 꼭 안고 힘내서 살게요. 오래오래 아이들 곁에 머물면서 어머니가 못 다한 사랑 제가 대신할게요"

어제와 다른 오늘이 있어

<u>강원 원주시 개운동 이효숙씨의 사연입니다.</u>

이곳저곳 해진 아버지의 반소매 러닝 셔츠를 겉옷 삼아 입고 나가시던 어머니. 당신도 그런 행색이 민망하셨던지 "여름엔 이것만큼 시원한 게 없다니까. 어휴~ 시원하다" 라는 말을 되풀이하셨습니다.

해마다 여름이면 그런 어머니의 모습을 보며 자라야 했던 전 '난 적어도 엄마처럼 구질구질하게 살지는 않을 거야' 라고 마음속으로 다짐하며 자랐지요.

동화 속 신데렐라는 아니더라도 적어도 엄마처럼 자신의 삶을 모조리 희생하는 바보는 되지 말아야겠다고…. 어른이 되면 흘러온 시간만큼 제 꿈도 쌓여 뭐든 다 이루어질 것이라 믿었던 철부지 어린 시절에 말입니다.

"엄마, 내가 크면 돈 많이 벌어 정원도 있고, 분수대도 있는 멋있는 집에서 살게 해줄게요. 옷도 많이 사드리구요."

어머니는 그 때마다 "그래 우리 효숙이 덕에 호강좀 해보자" 라고 말씀하신 뒤 허허로운 웃음을 지으셨습니다. 그 웃음소리 뒤에 묻어있던 쓸쓸함, 그땐 잘 몰랐어요.

제 나이 이제 겨우 스물 한 살. 세상을 안다고 하기엔 턱없이 모자란 나이겠지만 남보다 일찍 사회생활을 시작해서인지 세상은 저절로 이뤄지거나 쉽게 이룰 수 없는 것이라는 것을 알게 되었습니다. 어린 제 눈에 비친 다른 어른들의 모습은 참 쉽게 잘 살아가는 것 같았는데, 제가 어른이 되고 보니 그게 아니더군요.

 타지에서 직장생활을 하면서 많은 것을 느꼈습니다. 내가 내 몸을 추스리지 않으면 그 누구도 나를 일으켜 세울 수 없다는 것도 알았구요. 성인이란 흘러온 세월만큼이나 어깨에 짊어져야 할 짐들이 많아진다는 사실도 알게 되었습니다.

 적은 돈이나마 꼬박꼬박 저축을 하고 있는데, 이젠 그 옛날처럼 어머니께 호강시켜 드리겠다는 말이 쉽게 나오질 않아요. "그저 손 안 벌리고 시집만 가도 대견하다. 그것만으로도 나는 호강하는 거다" 라는 어머니의 말씀, 그 말씀에 제 자신을 제 처지를 위로하며 지내고 있지요.

 어느새 저는 저밖에 모르는 이기주의자가 되어가고 있고, 어머니는 오늘도 남동생의 해진 러닝 셔츠를 꼬매 입으시며, 연신 "시원하다…" 라는 말을 되풀이하고 계시지요.

 어제와 다른 오늘이 있어 세상은 살아갈만 하다고 하지요? 전 그 말을 믿지 않았어요. 저의 오늘은 어제처럼 불행의 연속이라고만 생각했고, 어둡고 긴 터널은 끝이 없는 것처럼 보였으니까요.

 하지만 이젠 달라요. 어머니의 손길이 닿아 구멍이 메워지는 러닝 셔츠처럼 제 일상의 구멍에도 열심히 바느질을 해서 어제, 오늘과는 다른 빛이 나는 내일을 만들 수 있을 테니까요.

엄마 없이 크는 아이들

<u>서울 구로구 구로동 문상현씨의 사연입니다.</u>

아들 하나에 딸 하나, 이 두 아이가 제가 가진 전부입니다. 그 아이들도 그런 생각을 하는지는 몰라도 그건 상관없어요. 그건 제 행복이니까요.

날이 더워지면서 아이들이 동네 근처 수영장엘 가곤 하는데요. 오전에 셔틀버스가 큰길가에 오면 두 아이 손을 잡고 나가서 버스에 태워 보내고, 또 돌아올 즈음에 마중을 나가곤 하지요.

지난 주엔 몸이 너무 안 좋아서 약을 먹고 누워 있는데, 둘이서 수영복과 수경, 그리고 수영모자를 챙겨들고 나서더군요.

"아빠 아프시니까요. 제가 하영이 데리고 다녀올게요. 저도 이제 3학년이니 동생 잘 돌볼 수 있어요. 아빠는 약이나 꼬박꼬박 챙겨 드세요. 약 먹을 땐 꼭 밥부터 드시구요. 다녀오겠습니다."

하지만 인사를 하고 나서는 모습이 못내 걱정스러워 곧 뒤따라 나가봤지요. 저만치 앞에서 아들 녀석의 목소리가 들리더군요.

"야! 너 엄마도 없는데, 계속 아빠 속상하게 하니까 아빠가 아프잖아. 받아쓰기 60점이 뭐야!" 라며 동생을 나무랐습니다.

그리고 그게 미안했는지 집 옆에 있는 수퍼마켓에 들러 아이스크림 하나를 손에 쥐어주더군요. 시무룩하던 딸아이도 금새 얼굴이 펴지더니 "오빠 이따가 오다가 아빠 꽃 사다가 드릴까? 영화 같은데 보면 아플 때 꽃 사가잖아. 싫어?" 하고 얘길 하며 가더군요.
 버스가 와서 큰 아이는 동생을 먼저 태우고 뒤따라 버스에 오르는 모습이 눈에 보였습니다. 생각보다 조금은 더 어른스러운 큰아이나 작은아이가 대견스럽기보다는 많이 미안했습니다.
 어른들의 그릇된 생각과 잘못된 판단으로 아이들이 참 많이 힘겨워하는 것 같아 아이들에게 미안해하면서도 단 한 번도 할머니나 제게 엄마가 보고 싶다고 얘기한 적 없이 그냥 묵묵히 적응해서 밝게 커 가는데 대해 그저 감사할 따름이었지요.
 오후에 집으로 돌아온 아이들 손에는 장미꽃 한 송이씩 들려 있었습니다. "무슨 꽃이야?" 하고 물으니 "아빠, 아프지 마세요. 사랑해요" 라며 딸아이는 나에게 뽀뽀를 해주었습니다. 나는 딸아이를 꼭 안아줬습니다.
 다음날 출근을 할 때도 "아빤 술 많이 먹지 마세요. 담배도 쪼끔만 피우시고요. 나요 일등 딸이 될 거야" 하며 재잘대는 딸아이의 목소리가 하루 종일 귀에 맴돌아 술도 담배도 자제를 하게 되더군요.
 너무 일찍 세상을 알아버린 아이들. 이젠 그런 아이들을 위해 제가 무엇을 해야 하는지 어렴풋이나마 알 것 같습니다.
 아이들에게 가졌던 죄스러운 마음은 모두 묻어버리고 세상의 아름다움부터 가르쳐줘야겠어요. 그래서 지금보다 더 예쁜 마음을 가질 수 있도록 이 아빠가 도와줘야겠지요.
 언젠가는 커다란 창문이 있는 방을 갖고 싶다는 큰 아이의 작은 소망과 꼭 일등 딸이 되겠다는 딸아이의 이쁜 소망도, 모두 이루어질 것이라 믿으며, 오늘도 밥 잘 먹고 술 안 먹는 건강한 아빠가 되어 힘찬 내일을 향해 발걸음을 옮깁니다.

마음으로 전하는 말

충남 흥성군 서부면 양병건씨의 사연입니다.

저는 일반인들이 하는 말에 5%에도 미치지 못하는 말을 하며 살아가고 있습니다. 제가 할 수 있는 말이라고 해봐야, 남들이 묻는 말에 "예, 예" 하는 대답의 말과 극히 짧은 단어들뿐이지요.

배가 고파 어머니께 밥을 달라고 할 때도 "엄마 밥"이라고 할 뿐 "엄마 밥 주세요"라는 말은 잘 못합니다.

마음 같아선 저도 그렇게 말씀드리고 싶지만 입에서만 맴돌 뿐 소리가 밖으로 나오지 않습니다.

9살 때 뇌염으로 장애인이 된 이후 이렇게 말을 못하며 지낸 지 벌써 18년이란 세월이 흘렀어요. 하지만 말을 못한다고 해서 결코 좌절하거나 방황하지는 않았습니다. 세상 누구보다도 말 못하는 일은 제게 있어 너무도 가슴 아프고 슬픈 일이었기에 그냥 잊고만 싶었습니다. 그래야 제가 덜 힘들 것 같았고, 다시 힘을 내서 일어설 수 있을 거란 생각이 들어서지요. 더구나 말은 입으로만 하는 게 아니라는 것을 알고 난 후부터는 고통은 차츰 행복으로 변해갔고, 지금은 오히려 마음의 말을 할 수 있다는 사실에 행복하기까지 합니다.

저는 편지를 자주 쓰는 편인데요. 마음에 담았던 말들을 한 자 한

자 또박또박 옮겨 적어서 보내면 받는 사람들이 그런 말을 해요.

"무엇인지 몰라도 너의 편지에선 힘이 느껴진다고, 편지를 참 잘 쓴다고…."

그럼 저는 이렇게 얘기합니다.

"그건 결코 내가 편지를 잘 써서가 아니라, 우리의 마음의 언어가 통하기 때문이야."

아름다운 사람을 보면 은은한 목소리로 '아름다운 사람'이라고 전해주고 싶고, 아름다운 노래를 들으면 저도 큰소리로 따라 부르고 싶은데, 그렇지 못한 상황이 답답할 때가 있습니다. 그럴 때마다 '나도 말을 할 수 있다면 얼마나 좋을까' 생각하며 유창하게 말을 구사하는 제 모습을 떠올려보지만 왠지 어색하기만 합니다.

아무래도 전 마음의 말을 전하는 사람이 더 잘 어울리나봐요.

소리로 내는 말보다 마음으로 내는 말, 눈빛으로 내는 말이, 몇 배 아니 백 배 더 값지다고 하지요?

지금은 많이 부족하지만 똑바로 바라볼 수 있는 마음의 눈을 좀 더 키워서 이 흐린 세상을 잘 건널 수 있었으면 좋겠어요. 그리고 지금까지 그래왔듯이 솔직함으로 언제까지나 제가 아는 모든 사람들에게 따뜻함을 전해줄 수 있었으면 좋겠구요.

땅강아지의 흐린 세상 건너기, 잘 지켜 봐주세요.

아름다운 화해를 위해

　서울 성북구 삼선동 홍순이씨의 사연입니다.

　오늘도 제 남편은 한잔 술에 거나하게 취한 모습으로 비틀거리며 집으로 들어와 자기보다 더 앳된 얼굴로 수줍게 웃고 있는 친어머니의 사진에 대고 '어머님, 저 들어왔어요. 보고 싶으셨죠?' 라고 말을 건넵니다. 그 모습을 보고 있자면, 저 또한 가슴이 아파와 이내 고개를 돌려보지요. 전 오늘 오랜 침묵을 깨고 아름다운 화해를 하고파 조심스럽게 글을 쓰고 있어요.

　제 남편의 친어머니께서는 남편을 낳기만 하고 행방을 감추셨다고 해요. 시아버님은 본처에서 아들을 얻지 못하자 결국 아들을 낳아주는 여자를 찾게 되었고, 그 분이 바로 제 남편의 친어머니인 겁니다.

　하지만 불행은 처음부터 예감되었던 것처럼 그렇게 소원해도 얻을 수 없었던 아들이 남편이 막 두돌이 지날 무렵, 아버님의 본처에서 태어났습니다. 주위에선 진짜 아들이 태어났으니 남에게 얻은 자식은 그냥 갖다 버리라고 했지만, 아버지는 그래도 자신의 핏줄인데 라는 생각으로 남편에게는 이 사실을 숨기신 채 남편을 길러주셨다고 합니다.

　15살이 되었을 무렵, 아주 우연한 기회에 자신이 어머니의 자식이 아니라는 사실을 알게 되었고, 그 때부터 남편의 방황은 시작되었지요. 비뚤게 나가면 나갈수록 점점 냉담해지는 가족들. 그 속에서 탈출하는 길은 결혼해서 독립하는 것이라 생각했고, 그때 저를 만나 저희들은 남보다 일찍 결혼을 하게 되었습니다. 처음엔 저 역시도 그 사실을 몰랐어요. 큰아들인데도 시댁에 갈 때면 마치 남의 자식 대하듯 한다는 생각에 "당신 혹시 주워온 거 아냐? 왜들 그래?" 라며 농담처럼 말을 건넸고, 그 말에 불같이 화를 내는 남편이 이상하기만 했죠. 하지만 작년 남편에게서 그 얘기를 듣고 얼마나 가슴이 아팠는지 모릅니다. 그 동안 얼마나 아팠을까. 그리움은 얼마나 사무쳤을까 라는 생각으로 한동안 아무 말도 못한 채 그저 눈물만 흘리고 있을 수밖에 없었지요.

지난 주에는 남편과 아버지께 들은 친어머니의 고향을 찾아갔었어요. 그 동네에서 40년을 넘게 사신 분에게 자세한 말씀을 드리고 혹시 이런 분 아시느냐며, 사진을 보여드리니 아는 사람 같기도 하고, 아닌 것 같기도 한데 돌담 집에 살았던 처녀 같다며 일러주시더군요. 그 한 마디에 남편은 그 동안의 설움이 복받쳐 오르는 듯 한참을 다리 사이에 고개를 묻은 채 울음을 터뜨렸습니다.

하지만 남편의 친어머니는 이미 세상을 떠나신 후였고, 어디에도 어머니의 흔적은 남아 있지 않았습니다. 제 소망은 남편이 15살부터 시작된 기나긴 방황을 이젠 끝을 내는 것입니다. 핏줄이 무엇인지 두 딸을 보며, 저 또한 절실히 느끼는 바이지만, 낳은 정 못지 않게 기른 정 또한 중요한 것이니 남편이 먼저 마음을 열고, 어머님과 시누이들에게 다가갔으면 하는 바람입니다.

내일은 남편에게 술상을 차려주며 말을 해야겠어요. 우리 살아 계신 부모님께 잘 하자고. 핏덩이를 떼어놓고 가슴에 묻고 하늘로 가신 친어머니 또한 그것을 간절히 바라고 있을 거라고.

제 2부

동화처럼 살 수는 없을까
어제 오늘 그리고(2)

진주 같은 눈물

부산 진구 당감 2동 이란희씨의 사연입니다.

　버스에서 내리니 따사로운 햇살이 기분 좋게 빛나고 있었습니다. 하지만 내 앞에 펼쳐진 상황 때문에 이내 제 눈살은 찌푸려졌어요. 불법이라는 이유로 거리에 있던 행상들을 철거시키는 장면들…….
　다른 나라에서도 이런 모습이 있을까 생각하며 삐딱한 시선으로 한참을 쳐다보고 있다가 길을 재촉했습니다. 걸으면서 제 어린 시절의 기억과 울부짖던 한 아이를 떠올렸습니다.
　몇 년 전 학원강사로 근무하던 때의 일입니다. 초등학교 4학년생밖에 되지 않던 그 아이는 아이답지 않은 조숙함을 지니고 있었어요. 할머니와 단둘이 어렵게 사는 형편이라 가끔 아이들이 놓고 찾아가지 않는 물건을 그 아이에게 선물하곤 했지요.
　어느 날인가 그 아이는 보통 때 같지 않게 우울해 보였습니다. 눈가엔 눈물 자국이 남아 금방이라도 울 것 같은 표정으로 학원에 들어오던 그 아이. 그냥 못 본 척 지나칠 수가 없어서 수업이 끝나고 그 아이를 불러 물었습니다. 무슨 일이 있었느냐고. 아이는 잠시 고개만 떨구고 있더니 진주 같은 눈물을 쉴새없이 떨어뜨리며 제게 안겨 서럽게, 아주 서럽게 목놓아 울기 시작했습니다.

그리곤 "다 때려줄 거예요. 나도 모두 다 때려주고 부숴 버릴 거예요…" 라며 아이의 입에서 나올 말이라고 상상조차 하기 힘든 욕설을 퍼붓기 시작했어요.

그때부터 시작해 아이를 집에 바려다 줄 때까지 3시간 동안을 우린 얘기하고 듣고 부둥켜 울었습니다.

아이는 학교를 파하고 학교에서 그린 "할머니와 나"란 제목의 그림을 들고 할머니가 옥수수를 팔고 계시는 곳으로 갔다고 합니다. 거기서 아이가 보아선 안 되는 광경을 보게 된 것이죠. 할머닌 단속반에게 굽은 허리를 연신 굽실거리며 울며 매달리고 발로 걷어챈 옥수수를 주워 담고 있었다고 합니다. 결국 그 아인 할머니에게 가지도 못한 채 그 길로 학원으로 달려온 것입니다. 처음엔 그 아이의 말을 들어주고 위로해주려고 했는데 전 그만 제 기억과 감정에 젖어 목놓아 함께 울어버리게 된 것입니다.

저 역시 단속반을 피해 뛰시던 어머니, 울부짖던 어머니, 세상에 대한 증오를 품고 살아왔던 옛날 기억을 가지고 있으니까요.

가난이 무엇이기에, 도대체 법이 무엇이기에, 법이란 과연 누구의 편인지…. 그런 부정적인 생각을 가지고 있는 저로선 그 아이에게 아무 말도 해줄 수 없었습니다. 그냥 이런 말만 했지요.

'어른들의 세계를 다 이해하기엔 너는 너무 어리다. 그러니 지금은 열심히 공부해서 훌륭한 사람이 되는 길이 할머니를 위하는 길이다.'

20년 전 제가 겪었던 그 처참했던 광경들. 그리고 그 아이에게 큰 상처를 입혔던 그 광경들이 아직도 계속되고 있다고 생각하니 마음이 무겁습니다.

부디 어려운 그들, 가난 때문에 법을 어길 수밖에 없는 그들에게 형식적인 법적 절차가 아닌 함께 살아갈 수 있는 방법이 모색

되었으면 좋겠어요. 그래서 이 아름다운 가을과 다가올 겨울을 사랑과 따스함으로 함께 누리게 될 수 있었으면 좋겠어요.

더불어 가는 삶, 그리 어려운 거 아니잖아요.

사랑은 간직하는 것

경기 부천시 소사구 심곡본 1동 강민예씨의 사연입니다.

오래 전 사랑하는 한 사람이 있었습니다.
그 사람을 지독하게 사랑했어요. 그랬기에 그 사람이 행복하기를 바랬고 그 사람의 행복이 곧 제가 행복할 수 있는 길이라 생각했습니다.
진짜 사랑은 갖는 것이 아니라 간직하는 것이다. 전 사랑의 힘을 빌어 모진 행동과 억지 말들로 그 사람을 아프게 떠나보냈지요. 제가 왜 그때 그런 거친 표현들로 이별을 고해야 했는지 아마 그 사람은 아직껏 모르고 있을 거예요.
갑자기 찾아온 이름 모를 희귀병 때문에 저의 몸은 급격히 나빠져 갔고, 그 아픔은 앞으로 언제까지 계속 될지 아무도 예측할 수 없었기에 전 그를 그렇게 떠나보내야 했습니다.
사랑한다는 이유만으로 그와 함께 아픔을 나누는 것은 서로에게 불행이라고 생각했어요. 아직도 또렷이 기억나는 그 사람. 이 글은 그리운 그를 그리며 쓴 편지입니다.
이 편지를 끝으로 마음속 내내 붙잡아온 그를 이제 보내줄 거예요. 그리고 반드시 건강을 되찾겠다는 나 자신과의 약속은 언제가 될지는 모르는 다시 그 누군가를 사랑할 그날을 위해 제 마음을 비워두기 위함입니다.

  오늘도 전, 붙일 수도 없는 아니 붙여서는 안 되는 편지를 썼다 지웠다, 썼다 지웠다를 반복하며 하루를 보내고 있습니다. 다시는 생각하지 말아야지 마음을 먹어 보지만 추억은 또다시 아무런 예고 없이 자기 멋대로 찾아와 애써 정돈해놓은 제 마음을 흐트러놓기 일쑤이지요. 그대와 나 하나였던 시간들, 마치 편집하지 않은 채 녹화해놓은 비디오 테이프 마냥 그때의 장면 하나 하나가 너무도 선명하게 제 머릿속에 남아 있습니다.

  진짜 테이프라면 벌써 늘어나 버려 화질이 나빠지고 심한 떨림까지 보이겠건만 제 머릿속의 장면들은 시간이 흐르면 흐를수록 더 맑고 깨끗하게 분명해지기만 합니다.

  이제와 생각해보니 당신과 헤어지던 마지막 그날이 왜 하필 맑은 날이었나 싶습니다. 살아가는 동안 맑은 날이 얼마나 많은데, 차라리 눈이나 비오는 날이었다면 하늘 바라보며 마음 아파할 날도 지금보다는 덜 했을 텐데라구요.

  하지만 이제 외쳐본들 아무런 소용이 없다는 것을 전 누구보다 잘 알고 있습니다. 어차피 지난 일 잊는 게 상책인 것도 알고 있지요.

  지금은 그 어디에서 무엇을 하며 어떻게 지내고 있는지를 잘 모르겠지만 어디서나 행복하세요. 이젠 당신을 놓아드릴게요.

그리움에 대하여

<u>서울 양천구 신정 7동 서경애씨의 사연입니다.</u>

그리움에 대하여 얘기하고 싶어 이렇게 펜을 들었습니다. 그리움이란 말은 떠올리기만 해도 마음이 추워오고 눈이 아파 오는 말이지요.

1년 8개월 전 작은 집 식구들이 저희 집 근처로 이사를 왔습니다. 이혼으로 삼촌 혼자 초등학교 6학년, 3학년인 아이들을 키우다 힘에 부쳤던지 형수인 저에게 상의를 했고 저는 흔쾌히 내가 돌봐 줄 테니 우리 집 근처로 이사오라고 했지요.

아이들 전학문제로 큰 엄마인 제가 선생님을 만나 뵙던 날. 집안 사정을 자세히 물어보시는 선생님 앞에서 저와 아이들은 아무 말도 하지 못한 채 그냥 고개만 숙이고 있었습니다. 저는 아이들 앞이라 말을 못한 것이지만 아이들은 엄마 생각이 났나 봅니다.

그 아이들을 보며 '엄마'라는 자리. 그냥 그 자체만으로도 큰 힘이 된다는 생각을 하니 더욱 가슴이 아팠고 그 아이들이 불쌍하게만 느껴졌습니다. 말이 없고 고개를 떨군 채 밥을 먹는 아이. 묻는 말에만 겨우 작은 소리로 답을 하는 아이. 큰 엄마인 내게 말하는 것조차 조심스럽기 만한 아이들. 그래서인지 전 큰소리 한번 내지 못하고 아이들을 감싸기만 했습니다. 그게 아이들의 골 깊은 상처를 치유할 수 있는 최선의 방법일 거란 생각에서였어요. 하지만 아무리 잘해주어도 조그만 일에 아이들은 눈물을 보였고 전 그때마다 난처해하며 어쩔 줄 몰라 아이들 달래기에 여념이 없었지요. 그래요 제가 틀렸던 것이었습니다.

그 아이들에게서 어머니의 자리를 뺏으려 했던 것이, 그리고 그 자리를 제가 대신 채울 수 있다고 생각한 것이 잘못된 것이었어요. 슬프면 슬퍼할 수 있도록 놓아두고 그리우면 그리운 대로 놓아두는 것이 진정 그 아이들에게 필요한 것이라는 것을 알게 되었습니다. 지나친 간섭과 배려는 오히려 큰 엄마에 대한 거리를 만든다는 생각이 들었지요.

일년이 지난 지금 그렇게 생활하다보니 사슴을 닮은 작은아이는 이것저것 설명을 붙이며 말을 많이 하기 시작했고, 웃을 때 통통한 볼이 약간 패는 꽃돼지 같은 큰아이는 학교 갔다오기가 무섭게 제 옆에 붙어 귀여운 재롱을 떨곤 합니다. 제 무릎에 누워먹고 싶은 것도 얘기하고 식탁에 앉아 엄마에 대해 얘기도 하구요.

이제는 조심스럽게 엄마 얘기를 하지 않아도 되는 때가 되었습니다. 아이들 가슴에 아직도 엄마의 얼굴이 있지만 아픔으로 다가오는 것이 아니라 이제 그리움으로 다가오고 있음을 느끼게 합니다.

이제 아이들에 대한 작은 바람이 있다면 엄마에 대한 그리움이 춥고 아픈 것이 아니라 따뜻함으로 그리워하는 마음으로 성장해갔으면 하는 바램뿐입니다. 언제까지나 고운 눈망울을 가진 아기 사슴과 같은 얼굴과 아기 꽃돼지 같은 고운 웃음을 잃지 않는 아이들이었으면 하는 소망 안에서 아이들을 지켜보고 있습니다.

마지막 사랑

서울 동작구 사당 2동 박진영씨의 사연입니다.

어머니가 퇴원하신 지도 벌써 석달이 지나고 있습니다. 하지만 아직까지도 병실에서의 어머니 모습이 떠올라 자꾸만 가슴이 답답해집니다.

몇 년째 간경화를 앓고 계신 어머니의 병환이 날로 심각해져서 지난 겨울 이젠 마음의 준비를 하는 것이 좋겠다는 말을 들어야 했습니다. 어머닌 정말 곧 죽을 사람처럼 하나씩 살림을 정리하셨고, 마지막 사랑을 다 전해주시려는 듯 저와 식구들에게 헌신 하셨어요. 그 모습이 어찌나 평온해 보이던지 그게 더 슬펐습니다.

그러던 중 의사선생님에게 마지막으로 '간이식 수술'을 하면 어떻겠냐는 말을 듣게 되었고 지푸라기라도 잡는 심정으로 온 가족이 검사에 매달렸지요. 제일 먼저 검사를 받으신 아버지. 과거 큰 수술을 받은 적이 있고 연세 또한 어머니보다 많으셨기 때문에 이식을 해도 큰 효과를 기대하기 어렵다는 결과가 나왔습니다. 하지만 하늘이 도왔는지 어머니와 오빠가 잘 맞는다는 결과가 나왔고, 얼른 수술하면 다시 예전의 건강했던 어머니의 모습을 다시 찾을 수 있을 거란 기대에 차 있었지요.

그러나 어머닌 한사코 거절하셨어요. 오빠네는 결혼한 지 5년이

지나도록 아이가 없었는데 이 수술이 혹시라도 나쁜 영향을 끼칠까 싶어 죽어도 안 된다는 것이었습니다. 그냥 지금 너무 평온하니 이대로 죽는 게 좋겠다는 말씀이셨어요. 아버지는 차마 찬성도 반대도 못하시고 가타부타 아무런 말씀도 하지 않으신 채 매일 저녁 술로 마음을 달래며 지내셨습니다.

평소 같으면 약주 좀 그만 하시라고 말렸겠지만 그 누구도 아무런 말도 하지 못하고 그저 바라보고만 있어야 했습니다.

그러던 어느 날 오빠가 술에 잔뜩 취해 집에 들어왔어요. 그리곤 어머니 앞에 무릎을 꿇고 앉아 눈물을 흘리며 말을 했습니다.

"어머니, 이대로 가시면 저 어떻게 살아요? 예? 어머닌 평생을 제게 주셨는데 저는 그깟 간 조금 떼어드린다고 하는데 왜 싫다고만 하세요. 어머니 뭐라고 말씀 좀 해보세요."

온 가족이 부둥켜안고 울었습니다.

16시간이란 긴 시간의 수술. 오빠는 빠르게 회복을 했지만 어머니는 회복하는 게 오랜 시간이 걸려야 했어요. 평소 예민하신 어머니는 약과 음식을 하나도 못 넘기고 나날이 앙상해지기만 했고 옆에서 간호하는 식구들에게도 화를 내고 조금 전의 일도 기억을 하지 못했습니다.

머리카락이 다 빠져버린 어머니를, 뼈만 남은 어머니를 볼 때마다 저는 "강해지자, 눈물 보이지 말자" 다짐 또 다짐을 하였건만 전 삶을 포기한 듯 하시는 엄마에게 자꾸만 화를 냈습니다.

"엄마 진지 드세요. 비싼 수술 해놓고 왜 이러는 거야. 그리고 오빠의 간은 벌써 떼어냈다고, 알아?"

화를 내는 제 마음은 찢어지는 것 같았지만 그래도 눈물을 흘리지 않으려면 어쩔 수 없었습니다.

이제 어머니는 서서히 예전의 모습을 되찾고 계세요. 이젠 약도 혼자 드시고 전보다 식사도 잘 하시지요. 병원에서도 조금만 하면 곧 괜찮아지실 거라고 했어요. 저는 기도합니다.

수술실 앞에서 어머니께 처음 사랑고백을 하던 그 마음 변치 않게 해달라고, 어머닐 더 사랑할 수 있게 해달라고.

오빠라 부르지 못한 세월

서울 강북구 번 3동 한병희씨의 사연입니다.

제겐 제대로 불러보지 못한 오빠가 한 분 계십니다. 제가 고 3 때 이모님댁에서 처음 만난 오빠는 저희 어머님께서 미혼모인 채 낳은 오빠였어요.

외할머니께서는 팔삭둥이로 태어난 오빠를 주변에 아이가 없는 가정으로 입양시켰고, 어머닌 그저 부잣집에서 잘 먹고 잘 지낼 거라는 생각만으로 오빠를 가슴에 묻고 평생을 죄책감 속에서 지내오셨다고 합니다.

우리 어머니가 미혼모였다니 그 사실은 제겐 너무나 큰 충격이었고 큰 고통이었습니다. 그런 어머니를 두었다는 사실이 저에게는 죽고싶을 만큼 치욕스러웠고, 낯선 남자가 제 오빠라는 사실도 인정하기 싫었어요. 그리고 무엇보다 돌아가신 제 아버지에게 죄를 짓는 것 같아 가슴 아팠는데 아버지께서도 그 사실을 이미 알고 결혼하셨다고 하더군요.

사실 아버지께서도 재혼이셨고 이미 전처와의 사이에서 낳은 자식이 넷이나 있었어요. 그 이유만으로도 살아가는 게 벅차기만 했는데, 또 다른 어머니의 과거는 저로선 감당해내기 힘든 사실이었습니다. 그래서 제게 손을 내미는 오빠의 손을 뿌리치며 더럽다고 말하고 뛰쳐나갔고 어머니의 손길이 닿을 때면 무슨 벌레가 제 몸에 닿는 것처럼 소스라치게 놀라며 어머니를 혐오스럽게 쳐다보기도 했지요. 벌써 10년도 더 지난 그 옛날에 말입니다.

　이제 결혼을 해서 저 역시 세 아이의 엄마가 되고 보니 어머니의 마음을 조금은 알 것 같습니다. 어떠한 어려운 상황에서도 아버지와 큰오빠들에게 최선을 다하셨던 분. 특히 당신의 피가 전혀 섞이지 않았던 전처 소생인 오빠들에게 항상 좋은 어머니가 되려고 애를 쓰셨던 분이셨어요.

　어머니 당신의 뜻과는 무관하게 오빠들이 속을 썩힐 때에도 어머닌 모든 것이 당신의 업보라며 참고 견디셨습니다. 그땐 그것을 이해하지 못하고 엄마가 무슨 죄를 지었기에 이런 대접을 받아야 하느냐며 제발 바보같이 살지 마시라고 했지만 지금 생각해보면 어머닌 젖 한 번을 따뜻하게 물리지 못하고 다른 집으로 보내야 했던 그 어린 핏덩이에 대한 죄책감 때문에 그러셨던 것 같습니다.

　하지만 제겐 아직도 풀리지 못한 숙제가 하나 남아 있어요. 어머니를 이해하기까지 십 년이란 오랜 시간이 필요했고 또 많은 아픔들이 있었는데 아직까지 오빠는 받아들이지 못했습니다. 가족을 만난 반가움 그리고 자신에게도 챙겨줄 동생이 있다는 사실에 너무나 행복했다는 오빠인데 저는 아직도 오빠를 오빠라 부르지 못한 채 그저 남과 같이 대하고 있어요. 혈육에 대한 정도 느끼지 못한 채 이십 년을 살아온 오빠에게는 따뜻하게 웃어주기만 해도 너무나 좋은 동생이 될 수 있을 텐데 말예요.

　이 편지가 도착되었을 때쯤 전 아마 오빠에게 화해와 용서의 손을 내밀고 있을 겁니다. 상처받은 마음, 저 때문에 더 힘들었을 오빠의 그 마음, 이제 제가 어루만져 주겠다고 눈물을 흘리며 오빠에게 사죄를 하고 싶습니다. 그리고 우리 함께 어머니를 잘 모시자는 말도 전하고 싶습니다.

"오빠… 오빠… 오빠… 십 년 동안 얼마나 부르고 싶었던 말인데, 오빠… 우리 오빠… 사랑합니다."

선생님의 두 모습

전북 군산시 영동 문유자씨의 사연입니다.

며칠 전 코스모스 꽃잎이 붙어있는 뜻밖의 소포를 받았습니다. 참깨, 참기름, 들기름, 콩, 햅쌀, 고사리 등 크고 작은 보따리가 10여 가지나 되더군요. 한 동안 넋 나간 사람 마냥 보따리만 쳐다보고 있었습니다.

그 아이는 제가 23살 대학 졸업 후 처음으로 발령 받은 학교에서 만나게 된 아이예요. 둥근 얼굴에 까만 피부, 하회탈 같은 미소를 가진 귀여운 아이, 그러면서도 어딘가 어두워 보여 유난히 눈에 띄는 그런 아이였습니다. 우연히 그 아이와 얘기할 기회가 생겼는데 본인의 이야기를 묻지도 않은 말까지 수다스러울 정도로 재잘거리더군요. 그 아이는 6살 때 엄마를 여의고 아빠하고 둘이 살고 있는데 아버지마저 생활능력이 없는 분이라고 했습니다.

어렸을 때 친구들이 군것질하는 모습을 보고 자기도 아버지께 과자를 사달라고 졸라봤지만 그때마다 "이 아빠를 팔아먹어라. 팔아서 너 하고 싶은 거 다해" 라는 말씀을 하셨다며 어린 시절을 슬프게 이야기 해주더군요. 그리고 그 아이는 독서광이라는 별명을 받을 만큼 책읽기를 즐기는 아이였고 그러다 보니 자기 또래 아이들하고는 대화가 잘 안될 만큼 지적 수준이 높은 아이였습니다. 하지만 45분 수업 중에 화장실을 3~4번 갔다오는 좀 산만한 아이이기도 했지요.

그러던 어느 날 기숙사에서 작은 일이 발생했습니다. 그 날도 친구의 책을 말없이 꺼내보다가 작은 말다툼이 있었나봐요. 갑자기 기숙사 안이 소란스러워 달려가 보니 충혈된 눈빛으로 책을 껴안고 있던 그 아이는 저를 보며 "엄마~" 하며 제 가슴에 안기는 거예요.

순간 너무 놀랐지만 그 아이를 꼭 껴안아 주었습니다. 그리고 다음날 아이를 데리고 병원에 가봤더니 역시 정신치료가 필요하다는 의사선생님의 말씀이셨습니다.

어린 시절 부모님의 사랑을 제대로 받지 못하고 자란 탓에 약간의 이상이 생긴 것 같다는 것이었어요. 그렇게 그 아이를 병원에 입원시키고 돌아서는데 가슴이 꽉 막히며 눈물이 나왔습니다. 얼마나 외로웠으면….

시간이 지난 뒤 그 아이는 퇴원을 해 학교로 돌아왔고 그 때부터 전 그 아이의 보호자역할까지 해야 했습니다. 사랑으로 잘 보듬어줘야지 했는데 어느 날부터인가 슬슬 짜증이 나기 시작하더군요. 부담스럽기도 했구요. 때마침 전 그때 결혼을 하게 되었고 자연스럽게 학교를 떠나 그 아이와도 연락이 끊겼습니다. 아니 제가 끊었다고 해야 옳은 지도 모르겠네요.

그런데 7년이 지난 지금 그 아이에게서 정성이 가득 담긴 그 소포를 받은 것입니다. 물어 물어 주소를 알아 이제서야 인사드린다며, 언젠가 이렇게라도 선생님께 감사 표현을 하고 싶었다구요. 그리고 영농후계자와 결혼해서 아이 둘을 낳고 시골에서 잘 살고 있다는 소식과 함께 그 아이가 제게 연락을 해온 겁니다.

저 정말 부끄러운 선생님이지요?

귀찮고 부담스러운 마음에 저 또한 그 아이를 등지고 말았는데 그런 못난 선생님을 아직도 그 아이는 세상에서 제일 천사 같은 선생님으로 기억하고 있으니 말이에요.
 늦지 않은 거라면 지금이라도 그 아이에게 진심 어린 용서를 구하고 다시 그 아이를 다시 사랑으로 껴안아주고 싶습니다. 올 가을이 가기 전에 꼭 한번 그 아이를 찾아갈 거예요.

큰아버님과의 약속

경기 고양시 일산구 일산 2동 이내근씨의 사연입니다.

저는 어렸을 적에 일찍이 부모님을 여의고 큰아버님 댁에서 지금까지 생활해오고 있습니다. 고등학교를 졸업하고 난 후 큰아버님께서는 대학에 가라는 권유를 하셨지만 저는 완강하게 거절했어요.

제 속마음은 너무도 가고 싶은 곳이었으나 큰아버님의 어깨의 짐을 조금이라도 덜어드려야겠다는 생각에 정비학원을 다녀 기술을 배우겠노라고 말씀 드렸지요. 며칠간의 침묵이 흐르고 '나중에 저승에서 니 애비에게 어찌 고개를 들 수 있겠냐' 라며 저를 설득하시던 큰아버님은 못내 안타까운 표정으로 저의 뜻에 동의해주셨습니다.

정말 열심히 했어요. 비록 대학은 가지 못했지만 그 누구 앞에서도 당당할 수 있는 제 모습을 꿈꾸며 열심히 노력했어요. 그 결과 정비사 2급 자격증을 취득하고 지금은 정비사로 열심히 현장에서 일하고 있습니다. 그리고 정비사 1급 자격증에 다시 도전하기 위해 시간 나는 대로 이론 공부도 틈틈이 하고 있지요.

어린 시절이나 사춘기 시절에는 눈물도 많이 흘리고 외로움 때문에 부모님을 원망하기도 했지요. 그럴 때마다 친아들처럼 칭찬해주시고 때론 매를 들어서 저를 바르게 세워주시던 큰아버님과 큰어머님께 못된 행동을 하기도 하였고, 나쁜 친구들과 어울려 어차피 내게 주어진 인생이란 건 밑바닥 인생이다라는 부정적인 생각으로 하루하루를 지낸 적도 있었습니다. 하지만 그러면 그럴수록 더 외로워지고 세상을 더 원망하게 되더군요.

꿋꿋하게 잘 이겨내야 하늘에 계신 부모님이나 큰아버님 내외분께 조금이나마 효도하는 길이라는 것을 깨달은 지금 전 절대 외로워하지 않습니다. 눈물도 흘리지 않아요.

밤 10시에 퇴근해서 졸린 눈을 비비며 공부를 해야 할 때는 포기할까 라는 생각도 자주 하게 되지만 그 생각은 잠깐, 이 길이야말로 내 길이다 라는 생각을 하면 다시 힘이 솟곤 하지요.

비록 기름진 작업복과 손톱 밑에 낀 새까만 기름때가 너무나 초라해 보일지라도 그 옛날 큰아버님과의 그 약속을 생각하며 앞으로 나아갈 겁니다. 저를 포기하지 않으시고 계속 따뜻한 사랑으로 감싸주신 큰아버님 그리고 큰어머님을 제 친 부모님으로 섬기며 이 세상 다하는 날까지 모든 것을 감사하며 지금보다 더 열심히 살겠습니다.

저에게는 실망이란 단어는 없습니다. 포기라는 단어도 없지요. 오직 희망과 전진만이 있을 뿐입니다.

제가 정비사 1급 자격증을 따게 되는 날 그 날은 작업복을 입은 채로 부모님들의 산소에 찾아갈 겁니다. 그리고 당신들의 자식 내근이가 이렇게 하루하루 열심히 살고 있다는 모습을 있는 그대로 꼭 보여드리고 싶어요.

다시 한 번 큰아버님 큰어머님께 감사의 말을 전하고 싶습니다. 사랑합니다.

아들을 양자로 보내고

부산 남구 대연 3동 최경남씨의 사연입니다.

세상일이 뜻대로만 된다면 한편으론 정말 재미없는 인생이 될 것이다 라고들 하지만 사람 마음이 어디 그런가요. 설사 그것이 재미없는 인생이라 할지라도 그저 평탄하기만을 바라는 것이 우리네 인생인 것을.

저는 결혼한지 이제 30년이 된 중년의 평범한 주부입니다. 30년 전 저희 부부는 시댁에서 반대를 하는 바람에 동거부터 시작했어요. 그리고 아이를 낳게 되었지요. 시어른들도 손자를 보시고 난 후에야 결혼을 허락하셨고, 식도 올려주셨습니다. 하지만 전 너무 엄청난 일을 겪어야 했어요.

결혼 10년이 다 되도록 형님 내외분에게는 자식이 없었는데 어느 날 시어머니께서 저희 부부를 조용히 불러 "너희는 아직 젊고 얼마든지 자식을 낳을 수 있으니 아이를 너희형에게 주거라. 물론 너희들 마음을 모르는 것은 아니지만. 다른 사람도 아니고 한 핏줄이니 안심하고 아이를 주거라" 라고 말씀하시고는 눈에 넣어도 아프지 않을 제 아이를 데리고 가셨습니다. 세상에 어느 부모가 물건도 아닌 자식을 주고 싶었겠습니까?

첫 자식에 대한 애정과 기대가 오죽했겠어요. 대부분의 부모들이 그런 마음이셨을 거예요. 퉁퉁 불은 젖을 보며 아이만 그리워하다 눈물로 밤을 지샌 적도 많았습니다. 그리고 그 아이가 말을 배울 때쯤 엄마인 저를 보고 '작은 엄마' 라고 불렀을 때는 정말이지 가슴 한쪽이 떨어져 나가는 것 같더군요.

그 이듬해 저는 다시 아이를 낳았지만 형님 댁으로 간 큰아들에 대한 그리움은 식을 줄 몰랐습니다. 열 손가락 깨물어 안 아픈 손가락 없다고 하는데 전 손가락 하나가 몽땅 잘려나간 셈이니 평생 동안 가슴만 아파할 수밖에 없었지요.

엄마 품을 떠나 자란 그 아이는 어느새 결혼을 눈앞에 둔 나이가 되었습니다. 얼마 전에는 결혼할 여자라며 집에 인사를 왔었는데요. 작은 엄마, 작은 아빠라 소개하는데 당장이라도 "내가 네 엄마야, 내가 엄마란다" 라고 소리치고 싶더군요. 아직도 그 아이에 대한 기대를 버리지 못했나봐요.

바로 지난 주에 있었던 결혼식 날 부모님 자리엔 형님 내외분이 앉으셨고 저는 손님 석에 앉아 눈물만 훔치고 있었습니다. 울지 말아야지, 울지 말아야지 꾹 참았는데도 잘 안되더군요. 그날 따라 제 아들의 모습은 30년 전 제 남편의 얼굴과 너무도 닮아 있었습니다.

이젠 그 아이에 대한 미련을 그만 접어야 하겠지요. 더 이상 그 아이에게 엄마로 불리기를 원하는 헛된 소망은 이젠 그만 해야 할 것 같아요. '만일 그때 형님 내외분께 아이를 주지 않았다면 지금 어떻게 되었을까? 두 분은 헤어질 수도 있었는데' 라는 생각을 하면 마음이 차분해지고 남아있던 미련도 사그라지긴 해요.

어머니와 언니

경기 성남시 성남동 김보경씨의 사연입니다.

 어린 시절 아버지의 도박으로 가산을 탕진한 저희 집은 그야말로 허름한 폐가에서 하루 한끼 식사도 제대로 해결하지 못한 채 죽을 쑤어 먹을 정도로 가난했습니다. 지금도 그때의 이야기만 하면 어머니와 언니의 눈가에 눈물이 고이는 것을 보면 아마도 지난날의 기억은 아직도 아픔인 채로 가슴에 남아있나 봅니다.
 아버지께서 훌쩍 집을 나가시고 소식 한 장 전하지 않았던 5년이란 시간동안 집안 살림은 당시 나이 스물 아홉이란 나이에 막내를 출산하시고 붓기도 채 빠지지 않은 몸으로 생계를 꾸리셔야 했던 어머니와 아홉 살짜리 큰언니의 몫이었어요. 하지만 삶의 무게에 몸도 마음도 너무 지쳐있던 어머넌 '차라리 이렇게 사느니 다 같이 죽자' 라는 결심을 하셨고 모진 마음을 갖기까지 하셨답니다.
 하지만 1살, 3살, 6살, 9살 올망졸망한 자식들이 극약을 탄 것인지도 모르고 풀죽을 서로 먹겠다고 달려드는 모습에 어머닌 마음을 고쳐먹을 수 있었고 다시 일어서야겠다는 결심을 하게 되셨다고 합니다. 행상과 굳은일을 마다하지 않고 어머닌 돈이 되는 것이라면 무엇이든 하셨고 외지로 나가선 구멍난 어머니의 자리는 큰언니가 채워야 했습니다.
 아홉 살짜리가 뭘 알겠냐 하시겠지만 언니는 정말 어느 부모 못지 않았다고 합니다. 다니던 초등학교도 중퇴한 채 동생들을 위해 밥짓고 빨래하고 공부도 가르쳐주고 때로는 따뜻하게, 때로는 엄격하게 저희들을 돌봐주었지요. 어린 나이에 너무 당차서 동네 어른들이 오히려 안타까워하실 정도였다고 하니 아홉 살 언니의 그런 모습이 선뜻 머릿속에 떠오르지 않습니다.

큰언니는 저희 앞에서 한번도 울지 않았어요. 하지만 지방을 돌며 짧게는 일주일, 길게는 보름정도 장사를 하고 돌아오시는 어머니 앞에선 꼭 눈물을 보였다고 합니다. 그때야말로 나이에 맞는 행동을 하는 언니의 모습을 보이곤 했어요. "엄마 장사 안 가면 안 돼? 나 밤에 무섭단 말야" 동구 밖까지 뛰어가 울면서 엄마를 붙잡던 언니, 그런 언니를 매몰차게 돌까지 집어던지며 떼어놓으시던 어머니. 그때 어머니와 언니의 마음을 어찌 말로 다 표현할 수 있겠습니까?

그땐 정말 몰랐습니다. 그저 남들도 다들 그런 엄마와 언니를 갖고 있는 줄 알았어요. 그리고 자식들이고 동생들이니까 그런 희생은 당연한 것이려니 생각했죠. 하지만 25년이 훌쩍 지나 저 역시 결혼을 하고 아이를 낳고 보니 이제야 그 사랑이 얼마나 진한 것인가를 알게 되었습니다. 어느 누구도 대신할 수 없는 사랑 오늘에서야 알게 되었어요.

누군가 그러더군요. 모든 것은 다 지나봐야 알게 된다고. 사랑도 사랑이 끝난 후에 그 깊이를 알 수 있고, 아픔도 시간이 지나야 그 아픔의 정체를 정확히 파악할 수 있게 되는 거라고.

저의 작은 소망이 하나 있다면 부디 이제서야 알게 된 뒤늦은 가족 사랑, 지금처럼 나중에 지나고 나서 후회하는 어리석은 짓을 두 번 다시 되풀이하지 않는 것입니다. 이제는 제가 어머니와 언니에게 힘이 되어주는 오늘의 울타리가 되는 것이 제 작은 바람입니다.

어머니의 모습

경남 마산시 회원구 석전 1동 신성수씨의 사연입니다.

며칠 전 오빠에게서 급히 전화가 왔습니다. "어머니가 119 구급차로 병원에 실려 가셨단다." 도대체 얼마나 많이 다치셨기에 하는 생각에 눈앞이 캄캄하고 머릿속에선 수십 번이고 "냉정해야 한다"를 외치고 있었지만 보이는 게 없었어요. 그렇게 엎어질 듯 허겁지겁 어머니가 입원하셨다는 병원으로 달려갔는데, 글쎄 입원한 지 3시간만에 퇴원을 하셨다는 겁니다. 어머닌 밭에서 잡초 약을 뿌리시다가 약 기운에 취해 그만 밭가 낭떠러지 아래로 굴러 떨어져 의식을 잃고 쓰러지셨는데 다행히 마을 아저씨한테 발견되어 병원으로 후송되셨다는 겁니다.

그런데도 의식을 잃고 쓰러지셨다는 양반이 3시간만에 벌떡 일어나 집으로 돌아가셨다니 천만다행이구나 싶으면서도 만감이 교차하는 심정으로 집으로 향했어요. 당신의 상처는 금새 잊은 듯 환한 모습으로 반기는 어머니, 눈물이 왈칵 쏟아질 것만 같았습니다.

어머닌 3년전 돌아가신 아버지께서 생전에 심어놓으셨던 밤나무를 가꾸시며 시골에 홀로 계십니다.

"나는 마 혼자 사는 게 제일 편하다." 늘 불효하는 것 같아 마음이 아리건만 어머니는 저희 형제들을 이렇게 위로하십니다.

하지만 어머니의 말씀 속에 스며있는 아버지를 향한 당신의 깊은 사랑과 늘 푸른 그늘이셨던 아버지의 곁을 떠나기 싫어 그렇게 혼자 계시는 것을 저희들은 잘 알고 있지요.

언젠가 친구들과 여름 휴가 계획을 잡았다가 갑자기 취소되는 바람에 시골집에 갔었는데 어머니가 집에 안 계신 겁니다.

혹시나 싶어 아버지 묘지 앞에 가보니 어머닌 그곳에 계셨습니다. 대답 없는 아버지 산소 옆에서 혼자서 무어라고 계속 속삭이시더니 나중엔 혼자 웃기까지 하셨어요.

모르는 사람이 봤다면 아마 이상하게 생각했을는지도 모르겠지만 제 눈엔 그보다 더 아름다운 모습은 세상에 없을 정도로 무척이나 빛나 보였습니다.

아버지가 돌아가신 후 언제부턴가 어머니는 양파 까기에 열중이십니다. 행여 남에게 눈물을 보이게 될까 우는 모습을 보이기 싫어 양파 까기를 하시는 것이겠지요. 아버지의 빈자리가 느껴질 때면 더더욱 양파 까기에 열중을 하시는 어머니, 그 모습이 너무나 가슴이 아파 저 또한 어머니 곁에 어머니와 똑같은 포즈로 앉아 함께 양파를 까며 자꾸만 시려오는 콧등을 그렇게 감춰야 했습니다. "쪼매난 게 와 이리 맵노, 엄마 진짜 맵다. 그자?" 괜한 말과 함께.

매여있는 몸이라는 핑계로 버스에 훌쩍 몸을 싣고 오는데, 버스 차창에 자꾸만 어머니의 모습이 떠올라 눈물을 훔쳐야 했습니다. 버스가 보이지 않게 될 때까지 손을 흔드시던 어머니께서도 집으로 돌아가 다시 양파 까기를 하며 나지막이 훌쩍이고 계시겠지요.

제 소망은 어머니가 다시는 울지 않게 되는 것입니다. 설령 울게 되시더라도 그 눈물이 속으로 삼키는 눈물이 아니라 겉으로 드러내놓고 눈물을 보일 수 있는 그런 행복한 눈물이었으면 좋겠습니다. 내일은 그저 좋은 일, 행복한 일만 있어서 어머니, 당신의 얼굴에 밝은 햇살만이 가득하길 빌어봅니다.

하얀 마음 푸른 하늘

<u>서울 광진구 중곡 1동 김미자씨의 사연입니다.</u>

"수연아 하늘이 참 새파랗지?"
"응. 엄마 구름이 막 흩어져."
"아니 그것도 보이니? 저기 저 하얀 구름이 보인단 말야?"
기분이 들떠있는 딸 수연이의 얼굴을 보고 있으니 덩달아 제 마음도 파란 하늘빛을 닮아가는 것 같아 너무나 기분 좋은 오후입니다.
제 딸 수연이는 태어날 때부터 시각장애를 안고 태어났습니다. 칠삭둥이로 태어나는 바람에 인큐베이터에서 두달 반 동안이나 지내야 했고 6개월이 되었을 무렵 눈에 이상이 있다는 진단을 받았어요. 급히 수술에 들어갔지만 왼쪽은 이미 신경이 마비된 상태라고 하더군요. 그나마 오른쪽 눈만은 약간의 희망이 있다고 해서 할 수 있는 데까지 보살펴야 한다는 각오로 지낸 지 올해로 10년이 지났습니다.
그 동안 6번의 큰 수술을 해야 했지요. 작년까지만 해도 5미리 두께의 두꺼운 돋보기 안경을 끼고 생활해야 했던 수연이 가끔 저에게 이렇게 물었어요.

"엄마 오늘 하늘색은 무슨 색이야? 엄마 오늘은 구름이 무슨 모양으로 있어?"
대답을 할 때마다 제 가슴 또한 깜깜해지곤 했었으니 그 동안 저와 수연이가 겪어야 했던 고통은 이루 말할 수 없을 만큼 컸었지요.

한번은 밖에 나가 아이들과 놀다 들어오겠다던 아이가 10분이 채 지나지 않아 집으로 들어오는 거예요. 무릎은 다 까지고 옷에는 흙이 잔뜩 묻은 채로. 왜 그러냐고 묻는 저를 뒤로 한 채 아이는 아무 말도 하지 않고 그냥 제 방으로 들어가 버리더군요. 나중에 친구들에게 물어보니 놀이터로 뛰어가는 도중에 수연이의 안경이 벗겨졌고, 갑자기 앞이 안 보인 수연인 바로 앞에 뛰어가던 아이와 부딪쳐 넘어졌다는 거였어요. 친구들이 일으켜 세워 안경을 씌워준 뒤 다시 놀이터로 가려했지만 수연인 그 길로 집으로 갔다는 것이었습니다.

그 어린 나이에 크게 상심했고, 안경 없이는 세상을 바라볼 수조차 없는 자신이 원망스러웠나 봅니다. 아니 그렇게 낳아준 엄마가 원망스러웠겠지요.

수연인 올 1월 인공수정체를 눈에다 넣는 수술을 했어요. 때문에 날이 갈수록 나빠져가던 수연이의 시력도 많이 좋아지게 되었습니다. 오랜 병원 생활을 마치고 퇴원하던 날 수연이가 했던 말은 제 평생 결코 잊지 못할 겁니다.

"난 엄마가 이렇게 예쁜 줄 몰랐어. 우리 엄마 참 이쁘다."

그 힘든 수술을 한번도 아닌 6번의 고통을 꾹 참고 잘 견뎌준 내 딸 수연이 얼마나 대견한지 모릅니다. 그리고 무엇보다 이제 제 딸아이가 세상을 바로 볼 수 있게 되어서 얼마나 감사한지 몰라요.

지금의 저와 제 딸아이가 정상아로 성장할 수 있도록 주위에서 도와주신 많은 분들에게 감사의 마음을 전하고 싶습니다. 담임 선생님, 그리고 손을 잡아주던 친구들이 없었다면 우린 아직도 어두운 터널을 헤매고 있을 테니까요.

인생이 진정 아름다울 수 있는 것은

경기 부천시 소사구 심곡본동 김재원씨의 사연입니다.

어제는 저희 부부에겐 참으로 의미 있는 날이었습니다. 결혼한 지 12년만에 드디어 저희 집을 마련했거든요. 집을 마련한 기쁨도 기쁨이었지만 그 동안 아내의 수고로움을 생각하게 하는 날이었습니다. 거저 생긴 오늘이 아니니까요.

12년 전 아내와 저는 방 1칸 짜리 지하 사글세방에서 신혼살림을 시작했습니다. 그녀는 누가 보아도 저와는 어울리지 않게 아름답고 멋진 여자였습니다. 집안이 그리 부유한 편은 아니었지만 단란하고 화목한 가정에서 사랑을 많이 받고 자라서인지 늘 아침 햇살처럼 빛나는 얼굴을 하고 있었지요. 그런 그녀에 비하면 저는 여러 가지로 초라하고 볼품없었지만 그녀를 놓치면 평생 후회할 것 같은 생각에 과분한 욕심인줄 알면서도 그녀를 포기하지 않았습니다.

우여곡절 끝에 그녀와 결혼하는 꿈같은 행복을 맛보았지만 막상 결혼을 하고 보니 참으로 막막했어요. 살림은 궁색하기 그지없었고 비라도 오는 날이면 아내는 바가지로 물을 퍼내느라 몸살을 앓기도 했습니다. 그런 그녀가 어느 날부터 화장품 판매사업을 하겠다고 나섰어요. 등에는 6개월 된 아이를 업고 한쪽 팔에는 무거운 화장품 가방을 메고, 다른 팔에는 아기의 장난감이랑 아기에게 먹일 분유를 담은 가방을 가지고 다니면서 말입니다.

　세일즈라는 게 여간 힘든 일이 아님에도 아기를 업고 다니면서 낮에는 일하느라 녹초가 되고 밤이면 집안 살림이며 아기 돌보는 일로 분주했던 아내는 하루에 서너 시간 정도의 어설픈 잠이 전부였죠. 그러다 보니 그 소녀 같던 아내는 어느새 코를 골며 간간이 끙끙 앓기도 하는 애처로운 모습으로 변해가고 있었습니다.

　그렇지만 그녀는 한번도 못난 저를 원망하지 않았고 성실함과 열정으로 사무실에서 판매여왕이라는 자리에까지 오를 때까지 열심히 일했어요. 이제 아내는 작은 비디오 가게에서 일을 하고 있는데 하루종일 앉아만 있으니 운동량이 부족하다며 요즘도 아침에는 우유배달을 하고 있지요.

　세일즈를 하는 엄마 등에 업혀 이 집, 저 집 다니던 큰아이가 벌써 초등학교 5학년이 되었답니다. 어렸을 때 하도 업고만 다녀서인지 다리가 많이 휘었는데 "내 다리는 왜 이래?" 라고 말할 때마다 "네가 너무 이뻐서 내려놓고 싶지 않았어. 매일 업고만 있어서 그래" 라고 말하는 아내.

　그런 아내는 말합니다. 지금도 행복하지만 지난 시절, 아이를 업고 다니며 화장품이며 책을 팔러 다니던 그때가 참 좋았었다고, 등에 업힌 아이의 무게 때문에 더 용감하고 꿋꿋하게 일할 수 있었노라고.

　아내에게 전하려고 합니다. 당신이 있어 내 인생이 진정 이렇게 아름다울 수 있다고 말입니다.

작은 웃음 속의 큰 행복

서울 은평구 불광 3동 신부자씨의 사연입니다.

　IMF와 함께 다니던 회사가 부도가 나서 몇 달치 봉급과 퇴직금도 받지 못하고 남편이 실직자 대열에 낀 지 꼭 일년이 되었습니다. 하지만 그 일년은 십년보다 더 길었습니다. 지루하고 고된 날들이었지요. 그 동안 못할 말도 많이 했고 다투기도 많이 했어요. 헤어지고자 이혼서류까지 다 챙겨놓은 상태에서 다시 화해를 하기까지 꽤 여러 날이 걸렸고 그간 여러 사람들을 속상하고 불편하게 했지요. 하지만 지금은 욕심도 많이 버리고 체념하는 방법을 많이 터득해서인지 그전보다 더 화목하게 지내고 있습니다.
　남에게 부탁하는 것도, 하물며 부모님이나 친인척에게 전화하는 것조차 어려워하는 그가 다시 어렵게 택한 직업은 보험설계사였습니다. 싫은 내색 한번 못하고 그저 맘만 좋은 그 사람이 어떻게 그런 일을 해낼 수 있을까 내심 걱정되었지요.
　100% 수당제이기 때문에 과연 본인 교통비하고 식대나 나올까 하는 염려마저 들기도 했습니다. 그리고 설상가상이라고 첫 아이를 가져서도 넉넉지 못한 생활 때문에 사소한 용품들까지 친정언니들로부터 얻어 써야 했고, 아이를 낳고 채 1개월이 지나지 않아 아이를 뒤로한 채 저 또한 맞벌이 생활에 들어가야 했는데 둘째

아이가 덜컥 생겨버린 것입니다.
 넉넉지 못해 늘 사랑 말고는 베풀어줄 수 없었던 것이 아이가 네 살이 된 지금까지도 늘 제 마음을 아프게 하는데 그보다 더 한 이 상황에 둘째 아이를 갖게 된 거예요. 정말 난감했습니다.
 새 직장을 다닌 지 4개월이 지났음에도 남편은 생활비는 커녕 저에게 차비를 타 가는 형편이었는데 임신이라니….
 그런데 사람이 정말 죽으라는 법은 없나봅니다. 없으면 없는 대로 그냥 그렇게 살아지더라 이 말입니다. 형편은 결코 나아지지 않았지만 나름대로 적응하려고 열심인 남편과 아이의 모습을 보니 돈을 떠나서 일단 안정이 되었습니다. 두 아이의 엄마가 된다는 사실 또한 저에게 새로운 힘이 솟도록 했구요.
 요즘은 가끔 축 늘어져 있는 남편에게 이런 말을 합니다.
 "자기야 나 참 이상하다. 혜진이 때보다 상황은 더 심각한데 앞으로 일이 전혀 걱정이 안되고 자꾸 웃음만 나오는 게 앞으로 자기 일이 잘 풀리려나봐. 내 예감은 잘 맞는 거 자기도 알지?"
 실없는 소리한다고 통을 주는 남편이지만 이내 그이의 어깨에 힘이 들어가 으쓱해지는 것을 느낄 수가 있습니다.
 왜 걱정이 안 되겠어요. 그렇지만 아무리 들어도 기분 좋은 그 말을 자꾸만 되풀이합니다. 가족이란 게 이런 거니까요. 지쳐있는 이에게 서로가 힘을 되어줄 수 있는 거 그리고 그 속에 배어 나오는 작은 웃음이 서로에게 다시 일어설 수 있게 하는 힘을 갖게 하는 거, 전 그 웃음 안에서 작은 행복을 발견합니다. 결혼 행진곡에 발을 맞추어 서툴게 첫 발을 내딛던 그때 그 마음으로 건강하게 살아가려고 해요.

세상에서 가장 아름답고 강한 것

<u>인천 연수구 선학동 박우경씨의 사연입니다.</u>

　몇 해 전의 일입니다. 당시 저는 무척이나 몸이 약해 허리는 23인치인데다가 몸무게 또한 **40Kg**이 채 나가지 않았으니 그야말로 아주 야윈 몸이었어요. 게다가 입맛까지 잃어 통 밥을 먹을 수가 없었는데요. 음료수로 배를 채우며 그저 대충 대충 생활하다보니 몸은 점점 더 기운을 잃어 영양실조에 빈혈기까지 보이더군요.
　성격 또한 의기소침해져 의욕마저 상실하고 있었구요. 남편은 그런 저를 보며 보약을 한재 지어 먹어보라고 권했지만 단칸 사글세방에서 신혼살림을 시작한 저희로선 꿈도 꿀 수 없는 일이었습니다. 백 원짜리 동전 하나까지 아까워하며 저축하는 저의 모습을 보며 남편은 더욱더 미안해했고 가난한 사람한테 시집와서 마음고생, 몸 고생한다는 말을 입버릇처럼 말했습니다.
　그러던 어느 날 벌초를 하러 갔던 남편이 상기된 얼굴로 단숨에 집으로 뛰어와 가슴에서 무언가 소중히 꺼내 저에게 주는 것이었어요. 벌초를 마치고 구불구불한 산 비탈길을 내려오는데 소나무 그늘 밑에 바로 이것이 있었다며 아마도 이건 하늘의 뜻인 것 같아 저에게 주려고 뛰어왔다는 거예요. 남편이 제게 준 것은 바로 산삼이었습니다.

난생 처음 보는 산삼, 남편에게 가격을 물어보니 대략 4백만 원 정도 나갈 것이라고 했습니다. 전 당장 이걸 팔아 저축을 하자고 했지만 남편은 "당신 몸이 허약하니 이거 먹고 기운 내. 돈 많으면 뭐해. 난 당신이 건강하기만 하면 돼" 라고 말했어요.

그냥 먹어버리기엔 너무나 아까웠지만 남편 생각을 해서 한입 한입 소중하게 베어먹었지요. 그런데 정말 산삼의 효과가 그렇게 큰 것인지 기운이 펄펄 나는 것 같았고 밥맛도 조금씩 되살아나서 몸무게가 3Kg이나 불어났습니다. 고질병이었던 빈혈과 위궤양도 말끔히 나았구요. 다 남편의 사랑 때문이라고 믿었지요.

얼마 전 남편 친구가 새집을 장만하여 집들이를 한다기에 초대를 받은 저희는 그곳을 방문했고 집 이곳 저곳을 구경했습니다. 그런데 베란다에 나가보니 어디서 많이 본 듯한 것이 화분 속에 들어 있는 게 아니겠어요? 가만히 생각해보니 제가 먹었던 산삼과 비슷한 모양이었습니다.

"어머 이게 뭐야? 이거 산삼 아니에요?" 라고 물었지요.

하지만 그 친구분의 말씀은 "어 그거 더덕이에요. 그냥 한번 키워보는 거예요." 라는 거예요.

그랬어요. 제가 먹은 그것은 산삼이 아닌 더덕이었던 것이었어요. 한쪽에서 얼굴이 빨갛게 달아오른 채 저를 쳐다보고 있는 남편, 그제야 제게 사실대로 말했습니다.

"아니 그냥 더덕도 몸에 좋긴 한데 그게 산삼이라고 하면 당신이 더 좋아할 것 같아서, 그래도 그것 때문에 이렇게 당신이 건강해졌으니 그거면 된 거 아니야?"

어이가 없었지만 남편의 따뜻한 사랑과 순수한 마음 때문에 한참동안 웃음을 멈출 수 없었습니다.

여러분은 사랑의 힘을 믿으시나요? 몸도 마음도 너무 지쳐 그냥 쓰러지고만 싶을 때는 사랑이란 그저 풍족한 사람들만이 누릴 수 있는 사치라 생각했었는데 지금은 아닙니다.

세상에서 가장 아름답고 강한 것이 바로 사랑의 힘인 것 같습니다. 햇빛과 물을 받고 자라나는 저 화분 속의 꽃과 화초들처럼 영원토록 남편의 사랑을 받아 건강하게 자라고 또 때가 되면 꽃을 피워 그 꽃으로 하여금 남편에게도 행복감을 나눠줄 수 있는 그런 아내가 되는 것, 그게 바로 단 하나의 제 소망입니다. 기왕이면 더 이쁘고 건강한 꽃이 되어야겠지요.

사랑을 배우며 베풀며

서울 서초구 서초동 송승옥씨의 사연입니다.

고등학교 1학년인 아들 민호는 친구들과 도서관에 가서 공부하기로 했다며 오늘도 아침 일찍 집을 나섰습니다.

"그래 잘 갔다와. 차 지나가는 거 잘 보고 일찍 들어오너라."

어느새 저보다 훌쩍 커버린 아들이지만 아직도 마음이 놓이질 않습니다. 이것저것 잔소리 아닌 잔소리를 하면 아들 녀석은 걱정 말라는 듯 씨익 한번 웃고 엘리베이터 문이 닫힐 때까지 손을 흔들며 집을 나서지요. 걸어가는 아들 뒷모습이 왜 그리도 대견해 보이고 고마운지.

민호는 17년 전 태어나자마자 뇌막염이란 병에 걸렸고 이내 그 병은 뇌수종이란 무서운 병으로 퍼져 의사들로부터 평생 지능이 떨어지는 지진아가 되거나, 돌을 넘길 수 없다는 청천벽력 같은 말을 들어야 했습니다.

결혼 7년만에 겨우 갖게 된 아이인데 어떻게 해서든 아이를 살리고 싶었어요. 몇 날 며칠을 펑펑 울면서도 아이를 위해서라면 뭐든 하겠다며 의사에게 매달렸습니다. 하늘도 그런 우리의 정성과 아이에 대한 사랑을 알아 준 것일까요? 민호가 5개월이 되었을 무렵 정말 기적 같은 일이 벌어진 것입니다. 차츰 병이 낫기 시작한 거예요. 가끔 힘이 들거나 아파하는 민호를 볼 때면 이제 그만 민호를 놓아줄까라는 생각도 많이 했었는데 그런 우리 민호의 병이 나은 것입니다. 비록 뇌막염 후유증으로 청각장애아가 되어야 했지만 그래도 민호가 우리 곁에 남아준 것이지요.

지금 민호는 특수학교에 다니고 있는데요. 그 녀석이 어찌나 욕심이 많은지 수업시간에도 선생님의 가르침 한마디 한마디를 놓치지 않으려고 선생님을 너무 빤히 쳐다보는 바람에 선생님들이 간혹 민망할 때가 있다고 하더군요.

어제는 우리 아들 민호가 저를 내려다보며 이렇게 말해요.

"엄마는 왜 그렇게 쪼그매요?"

"이 녀석아 덩치 큰 너를 업고 다니느라 눌린 거야. 엄마도 예전엔 컸어." 웃으면서 수화로 말을 해주었지요. 그랬더니 민호가 말없이 등을 보이며 업히라고 하더군요.

"엄마 이젠 제가 업어드릴게요. 안 그래도 키가 너무 커 걱정인데. 저도 눌리면 키 작아질 거 아니에요. 엄마 업히세요."

아들을 통해 그 동안 많은 사람들을 만날 수 있게 되었습니다. 그 동안 나만을 가족만을 생각하며 살아왔었는데 세상은 더불어 사는 것을 절실히 깨닫게 되었어요.

"무슨 죄를 저리 많이 지었기에 저렇게 되었을까." 생각하면서 저와는 전혀 상관이 없는 사람들이라고 생각했던 장애인들에게 사랑과 관심을 갖게 되었고 저도 그 사랑을 조금씩 배우며 베풀며 살아가고 있습니다. 사람은 꼭 덩치 값을 한다라는 말이 있지요? 하지만 전 작은 제 키만큼이 아닌 큰사랑을 키우며 전하며 살고 싶습니다. 모두 제 아이 제 가족이니까요.

아내 머리를 감겨주며

<u>서울 영등포구 양평동 4가 박종수씨의 사연입니다.</u>

어제는 아내가 한없이 울었습니다. 아내의 어깨가 너무나 왜소해 보여서 힘을 주어 꽉 안아주었지만 아내는 숨이 넘어갈 듯 '꺽꺽' 소리를 내며 울었습니다.

삶은 참 천국과 지옥 그 중간쯤이 아닐까 싶습니다. 이제 겨우 내 나이 서른 넷 그리고 26개월 된 아들, 사랑스런 나의 아내 그것이 제가 가진 삶의 전부이자 생의 활력소입니다. 그런 제 아내가 작년 여름 갑자기 쓰러져 병원에 입원을 하게 되었습니다. 처음에는 병원 두 군데에서 검사를 했지만 결과는 아무 이상이 없다는 것으로 나왔어요.

그래서 저는 평소에도 아내에게 따뜻한 말은 커녕 늘 밉살맞은 시누이처럼 참 많이도 아내 마음을 상하게 했습니다. 그래서 병원 문을 나서자마자 농담반 진담반으로 "이 IMF에 돈만 엄청 날렸네. 검사는 또 왜 이리 복잡해? 당신은 밥만 좀 줄여서 그 아랫배만 들어가면 모든 병은 사라질 거야. 알아?" 라고 염장지르는 말만 했지요.

가뜩이나 내성적인 아내는 고개를 푹 숙이고 죄지은 사람 마냥 제 뒤를 졸졸 따라오다가 "여보 배고파요. 우리 뭐라도 먹고 가요" 라며 저를 붙들었습니다. 하지만 그때도 역시 회사 빼먹고 헛수고

한 것 같은 마음에 "집에 가면 밥통에 밥이 가득한데 지금 제 정신이야" 라고 쏘아 부쳤지요.

그 뒤 아내는 시름시름 앓다가 큰 병원에서 대장암이란 진단을 받게 되었습니다. 아내의 그 똥배가 밥을 많이 먹어서 나온 게 아니라 암세포가 자라고 있었기 때문이라니….

저는 정말 나쁜 놈입니다.

그토록 아내를 사랑했으면서도 늘 아내에 대한 묘한 자격지심으로 아내를 힘들게 했습니다. 언젠가 아내는 '아웃 오브 아프리카'에 나오는 남자 주인공이 여자 주인공의 머리를 감겨주는 장면이 너무도 인상적이었다며 저에게도 감겨 달라고 했습니다. 감상적인 아내를 탓하며 그냥 넘겨버렸지요. 그런데 며칠 전 아내의 머리를 감겨보니 참 탐스런 머리카락을 지녔더군요. 한번도 염색을 하지 않은 새까만 머리에 유난히 많은 머리숱.

"여보. 저 이제 죽어도 여한이 없어요."

아내가 죽는다는 생각은 꿈에도 생각한 적 없었는데 아내의 그 말에 저는 불같이 화를 냈습니다.

아내에 대한 화라기보다는 저에 대한 질책이었어요. 다행히 아내는 수술을 무사히 마쳤고 수술 결과도 좋아 건강을 되찾을 수 있었어요. 의사선생님도 천운이라는 말씀을 몇 번이나 하시더군요. 하늘도 저의 아내를 버리지 않은걸 보면 아마 아내의 그 착한 마음씨 때문이 아닐까 싶습니다.

6개월이 지난 지금 아내는 다시 검사를 받아야 합니다. 재발 가능성이 너무 많은 병이라 정기적으로 검사를 받아야 한다고 하더군요. 그래서 어제 아내는 무서워서 삶이 힘겨워서 그토록 울었던 것입니다.

근데 밤새 설사약을 먹고 장을 비워야 하는 그 고통의 순간에도 아내는 "당신 빨리 자 그래야 내일 출근하지" 라며 금새 울음을 그치더군요. 이렇게 사랑스러운 여자 보신 적 있으세요?

오늘 아무 이상 없다는 결과를 받고 건강한 웃음으로 집에 들어올 아내를 생각하며 저는 새로 사다놓은 향수 샴푸를 만지작만지작 거려봅니다. 오늘 아내가 들어오면 다시 한 번 머리를 감겨줄 생각이거든요.

떨이 인생은 되지 말자

<u>서울 노원구 월계 1동 김귀연씨의 사연입니다.</u>

  20년 전 남편과 저는 결혼식도 올리지 못한 채 큰아이를 낳고 결혼생활을 시작했습니다. 둘 다 일찍이 부모님을 여윈 처지라 변변한 살림도구 하나 제대로 갖추지 못하고 신혼살림을 시작했지요. 그래도 우리는 행복했습니다. 제가 알 수 없는 병에 시달려 투병생활에 들어가기 전까지만 해도요.

  둘째딸을 낳은 뒤부터 저는 이유 없이 시름시름 앓기 시작했고, 특히 머리를 짓누르는 듯한 통증은 밤낮으로 며칠이고 이어져 한 달 사이에 체중이 무려 15Kg가 줄어들 정도였습니다. 병원에서도 이상이 없다는 결과만 나온다고 신경성인 것 같으니 마음을 편히 가지라고만 했어요. 하지만 병세는 날이 갈수록 악화되었고 마땅히 간호해줄 친정도, 시댁도 없는 저희로서는 그 모든 짐이 다 남편 몫으로 돌아갔습니다. 직장 다니랴 아이들 돌보랴, 아내 병시중까지… 남편은 손이 열 개라도 모자를 정도로 힘겨운 나날의 연속이었지요. 그러나 싫은 내색 한번 안 하던 고마운 남편이었습니다.

  어느 날은 심한 통증을 호소하는 저를 업고 병원으로 달려간 적이 있는데요. 그때 남편이 울면서 떨리는 목소리로 이렇게 말하더군요.

"이대로 네가 못 일어나면 평생토록 너 원망하면서 살 거야. 우리 자식들은 절대 부모 없는 애들로 만들지 않겠다고 약속했잖아. 근데 왜 자꾸 아프고 그래 응? 제발 일어나."

얼마나 가슴이 아팠으면 사랑하는 아내를 원망하며 살겠다는 말을 했을까. 사랑한다는 말보다 더 힘든 그 말을 하는 남편이 전 너무나 고마웠습니다. 그런 남편의 정성으로 3년 동안 누워있던 자리를 털고 일어났지요. 갓난아기였던 둘째 아이는 벌써 세 살이 되어 이리저리 뛰어다니고 있더군요. 참으로 오랜만에 남편의 웃는 모습과 아이들의 재롱을 보면서 긴 악몽에서 깨어나는 듯 싶었습니다.

하지만 저에게는 애초부터 행복이란 주어지지 않았나 봅니다. 긴 투병생활로 인해 몸이 너무나 쇠약해져 임파선 결핵이란 합병증을 얻게 되었고 또다시 병원에 입원해 수술을 받게 되었습니다. 남편은 또다시 병원에서 새우잠을 자고 출근하는 그 일을 반복해야 했지요. 끼니도 제대로 챙겨먹지 못하고 다니는 그이. 전 그런 남편에게 병원 밥은 이젠 지긋지긋해서 보기도 싫다고 투정을 부렸고 때로는 다른 환자들이 먹는 간식을 나도 사달라며 조르기도 했습니다.

그럴 때면 남편은 밤늦게 시장에 나가 떨이로 파는 사과 몇 알과 200ml 우유를 구해와 내 머리맡에 놓아두곤 했었지요. 그리고 울면서 제게 이렇게 말했습니다.

"내 죽어도 너한테만큼은 비싸고 좋은 과일을 먹이고 싶었는데 이런 형편없는 것을 사와서 미안하다. 그래도 우리 인생만큼은 떨이인생으로 살지 말자. 귀연아 그러니까 이제 제발 아프지 마."

다섯 번의 수술과 5년간의 병원 생활, 지금도 6개월에 한 번씩 건강 검진을 받으러 다녀야 하지만 그래도 예전에 비하면 지금은 너무나 건강한 생활을 하고 있습니다. 죽음의 문턱을 넘나들던 순간마다 자상한 남편과 사랑하는 아이들이 제 곁에 있어 주었기에 지난 세월 용기 잃지 않고 견뎌낼 수 있었지요.

 전 아직도 그 말을 기억하고 있습니다. 절대로 떨이 인생은 되지 말자던 남편의 그 말. 그래서 오늘도 시간을 이리저리 쪼개가며 저를 가꾸는데 우리 가족을 가꾸는데 힘쓰고 있지요. 제 인생의 겨울이 왔을 때 뒤돌아보며 웃을 수 있도록 더 열심히 살 겁니다.

누나의 목걸이

<u>서울 성동구 송정동 이준길씨의 사연입니다.</u>

1957년 가을 작은 시골 마을에서 한 여자아기가 태어났습니다. 5남매 중 유일하게 딸로 태어나 형과 우리 세 동생들로부터 사랑을 한 몸에 받은 바로 나의 누나이지요. 부모님들에게는 없어서는 안될 고명딸이었던 누나, 착하디 착하기만 했던 그 누나는 얼마 전 마흔 셋이란 길지 않은 삶을 등지고 다시는 건널 수 없는 나라로 가고 말았습니다.

급성 위암 말기였어요. 그렇게 크게 아팠으면서도 그 어느 누구도 알아채지 못할 만큼 혼자서 지고만 있다가 아무런 말도 없이 자는 듯 그렇게 가버린 겁니다. 주위 사람들에게 알렸더라면 어떻게 손이라도 써봤을 텐데, 지푸라기라도 잡는 심정으로 어떻게든 치료를 해봤을 텐데, 남은 사람들에게 조금의 기회도 주지 않고 그냥 떠나버린 누나가 미워서 울었습니다. 돌아보지 못한 자책감에 서러워서 울었습니다.

떠나는 사람에겐 앞날이 보인다는 말이 있지요? 누나 또한 최근 들어 모든 가족에게 너무나 베풀기만 하고 정을 듬뿍 쏟아 놓았어요. 언젠가 제 아내가 누나의 목걸이를 보고 너무 이쁘다며 탐을 낸 적이 있었는데 어느 날 누나가 제 아내를 불러 그 목걸이를 손에 쥐어주었습니다. 자기는 목에 잔주름이 너무 많아 더 이상 이쁘지가 않다고, 빛을 낼 수 없는 것은 더 이상 이쁘지가 않다고, 빛을 낼 수 없는 것은 더 이상 이 세상에 필요치 않다고 하면서요. 그 목걸이를 받고 제게 자랑을 하는 아내의 모습을 보며 저 또한 아무 생각 없이 그냥 넘겨버렸지요. 하지만 지금 생각해보면 누나가 그렇게 말한 것은 비단 목걸이만을 두고 한 말은 아니었던 것 같습니다. 병에 걸려 더 이상 빛을 낼 수 없다고 생각한 누나 자신, 그런 자신을 빗대어 그렇게 말한 것이겠지요. 자신이 세상에서 제일 빛나는 보석인지도 모른 채 말입니다.

이렇게 일찍 가려거든 정이나 떼어놓고 가지, 자식 먼저 보내고 딸의 옷을 부여잡고 날마다 통곡하시는 부모님의 모습을 뵐 때마다 슬픔은 배가 됩니다. 항상 그 자리에 있을 줄로만 알았던 누나, 조카들이 겨우 중학교 2학년, 초등학교 4학년 그리고 늦둥이 여섯 살 짜리, 아무 것도 모르는 그 철부지가 "우리 엄마 죽었어요." 헤헤 웃으며 자랑하듯 이 사람 저 사람에게 말을 할 때면 가슴이 메어와 눈물만 삼키게 됩니다.

이제 며칠 뒤면 누나의 49제입니다. 그 동안 시골 부모님께 전화 한 통 드리지 못했어요. 겁이 나서요. 전화하면 당연히 어머님의 울음 섞인 목소리가 들릴 것이고 저 또한 눈물을 참지 못할 것 같아서 쉽사리 전화기를 들지 못했습니다. 하지만 이제는 일어서야겠지요. 힘내서 남은 조카들 잘 돌보며 어머니가 하루 빨리 일어서실 수 있게 노력해야겠지요.

빛을 낼 수 없는 것은 더 이상 이 세상에 필요하지 않다. 그래서 쉽게 세상의 끈을 놓아버린 바보 같은 누나처럼 되지 않도록 하루 빨리 일어서서 빛을 내야겠습니다.

가족의 의미

서울 강북구 수유 1동 김윤희씨의 사연입니다.

　십 년 넘게 살아온 이 집을 떠나기 위해 저는 짐을 꾸리고 있습니다. 처음부터 저의 집이 아니었던 이곳에 살면서 누구에게도 선뜻 여기가 우리 집이라고 내세우기가 주저되었던 이곳. 하지만 어느덧 그저 잠을 자고 밥을 먹는 곳이 아니라 내가 사랑하고 나를 사랑하는 사람들이 살고 있는 나의 집이 되었던 이곳을 저는 이제 떠나려 합니다.
　삼십 년 전 아버지께서 교통사고로 돌아가시고 어머니마저 어디론가 종적을 감춰버리신 후 저는 갑자기 작은아버지 댁의 불청객이 되어야만 했습니다. 넉넉지 못한 살림에 좁은 집 사실 제가 끼여들 공간은 없었지요. 사촌 여동생의 좁은 방을 나누고 또 그들의 몫인 학비를 쪼개야만 했습니다.
　고아 아닌 고아가 되어버린 심정과 친척집에 얹혀 산다는 죄스러움에 한 동안 저는 방황을 하게 되었어요. 행여 제가 마음 상할까 도시락 반찬의 가짓수마저 사촌동생들과 똑같이 해주시는 분들이었는데도 말입니다. 그러나 제 몫만큼 늘어난 생활비를 버시겠다며 생활설계사로 뛰어드신 작은어머니와 사춘기를 맞아 독방을 쓰고 싶을텐데도 저 때문에 꾹 참고 비좁음을 견뎌준 동생을 보며 저는 다시 마음을 다잡아보곤 했습니다. 무엇 하나라도 생기면 저에게 먼저 건네주려 했던 오빠와 작은아버지의 배려에 저는 그저 할말을 잃곤 했어요.

차츰 이곳은 나의 집이 아니다. 이 사람들은 내 진짜 가족들이 아니다 라는 저의 철없는 생각은 사라지고 대학 내내 아르바이트 하고 늦게 귀가하는 저를 기다려주고 있는 이 집으로 향할 때 그 환한 불빛에 뿌듯함을 느끼게 되었습니다. 그 다음부터는 친부모, 친형제 이상으로 더 잘하게 되었지요.

그러던 어느 날 저는 우연히 뜻밖의 사실을 알게 되었습니다. 그 동안 모습을 감춘 줄로만 알았던 어머니가 재혼을 해 잘 살고 있다는 겁니다. 처음엔 너무나 큰 충격이었지요. 하지만 저에게는 더 이상 흔들릴 그 무엇도 남아있지 않았습니다. 저에게는 저를 잘 성장시켜 주신, 저를 사랑해주는 가족이 있었으니까요.

이제 취직을 해 독립해 나갈 방을 얻어 다시 한 번 인생의 전환기를 맞았습니다. 사랑하는 동생에게 독방을 주고 싶은 마음과 그 동안 길러주신 작은아버지 작은어머니께 조금이라도 신세를 갚아드리려고 결심한 일인데 오히려 그분들은 섭섭해하십니다. 그리고 제가 나가고 나면 빈 공간이 생겨 허전할 것 같다고 말입니다.

제가 쌓아둔 짐 속에는 저의 전 재산 하나가 들어있습니다. 바로 얼마 전 사진관에 나가 찍은 가족 사진인데요. 그 사진을 보고 있노라면 지나온 삶이, 그리고 추억이 사랑이 모두 들어있어서 저를 너무도 행복하게 합니다. 그토록 내 집임을, 내 가족임을 부인하려 했던 지난 날 이제 그 지난날은 모두 잊고 나의 전 재산을 지키는데 온힘을 쏟겠습니다. 가족들이 일깨워준 가르침, 우리는 하나라는 것을 이젠 저도 알 것 같으니까요.

때늦은 화해

서울 강북구 수유 1동 구석영씨의 사연입니다.

언제부터인지 모르겠습니다. 여든을 넘기신 할머니가 약간 이상하시다고 느껴진 것이, 잘 알아듣지도 못하시고 멍하니 당신만의 세계에 빠진 듯, 혼자 계실 때가 많아지셨습니다. 그저 단순히 쇠약해지셨거니 생각했었는데 할머니는 우리가 알고 있던 할머니와는 전혀 다른 분이 되셨습니다. 치매였어요. 그러나 우리들이 할머니의 예전 모습을 그리워하고 있는 것은 아닙니다. 불행하게도 할머니는 괄괄하고 괴팍한 분으로 손주들에게나 며느리들에게 다같이 인기가 없는 분이셨으니까요. 오히려 요즘의 조용한 할머니는 저희들에게 낯설기까지 합니다. 할머니는 왜 우리 어머니를 못살게 구시는 것일까. 자라면서 수도 없이 제 자신에게 물어보았었지요.

저희 어머니는 가난한 대가족의 장녀로 어린 나이에 시집을 오셨다고 합니다. 하지만 시집을 와서 맞닥뜨린 것은 호랑이처럼 엄하고 무서운 시어머니와 자신의 편을 들어주지 않는 남편이었다고 해요. 열 명이 넘는 대가족의 밥상을 혼자서 차려야 했고 혹시라도 시집의 돈을 친정으로 빼돌릴까 의심하는 시어머니의 구박과 보수적이기만 한 아버지.

어머니의 시집살이는 끝도 없는 눈물의 연속이었다고 합니다. 오빠가 장가를 가게 되었을 무렵 전 어머니께 여쭤보았습니다.

"엄마, 엄마도 새 언니한테 시집살이시키실 거예요? 왜 시집살이 모질게 당한 사람이 또 시집살이를 시킨 다잖아요."

그러나 어머니는 "내가 모진 시집살이 때문에 마음속에 사랑을 품기보다는 오기만을 가득 안고 살았는데 내 며느리한테까지 그런 마음을 내려주고 싶진 않다." 라고 하시는 것이었어요.

어머니의 그 담담한 표정에 저도 모르게 애처로움이 느껴져 눈물부터 나왔습니다. 하지만 사실 지금 어머니한테선 할머니께 젊어 겪은 시집살이의 앙금은 하나도 찾아볼 수 없습니다. 언제나 할머니를 뵈면 어머니의 반지며 들고있는 핸드백, 무엇이든 할머니가 좋다시면 다 손에 쥐어드리곤 하셨습니다. 할머니는 그런 것들이 다 소용없다 해도 어머니는 "어머니 이 반지 끼고 계시다가 누구든 좋은 사람한테 주고 가세요." 라고 하셨지요.

그러던 할머니가 급기야 치매에 걸리셨으니 이제 할머니의 병시중은 또 어머니의 몫이 되고 말았어요. 어머니는 쓸쓸하게 웃으시며 "전생에 어머니가 나를 너무 좋아하셨나 보다. 그래서 끝까지 내 기억에 남으려고 하시는 거야." 라고 말씀하십니다.

이제 할머니는 아주 많이 쇠약해지셨어요. 의사 선생님도 임종할 준비를 하라고 하시더군요. 하지만 어머넌 오늘도 할머니의 몸을 닦아 드리며 "깨끗한 모습으로 오래오래 사셔야 한다고, 어머니 없으면 허전해서 안되니 마음놓지 마시라고" 말씀하지요. 그래서일까요. 할머닌 다른 사람들은 다 몰라보셔도 이상하게 어머니만큼은 알아보십니다. 두 분의 만남, 갈등 그리고 때늦은 화해. 이 모든 것이 처음부터 예정되어 있었던 게 아닐까 싶은 생각마저 들게 하는데요.

아무쪼록 할머니의 건강이 빨리 쾌차하셔서 어머니와 못 다한 사랑 다 나누시다 가셨으면 좋겠습니다.

사랑의 눈빛

<u>전남 목포시 용해동 김영진씨의 사연입니다.</u>

월 15만원 하는 6평 남짓한 조그만 단칸방에 TV와 서랍장, 가스렌즈와 조그만 냉장고, 밥솥과 냄비 2개 이것이 저희가 가진 재산의 전부입니다. 이렇게 결혼생활을 시작할 수밖에 없었던 것은 모두 저 때문인데 어제는 남편이 벗어놓은 구멍난 양말을 보고 죄스러움에 한동안 고개를 들지 못하고 눈물만 떨구었습니다.

한번의 결혼 경력이 있는, 그래서 어디를 가나 이혼녀라는 꼬리표를 달고 살아야 했던 저는 상처받은 새처럼 세상 밖으로 나오길 거부하며 움츠린 채 지내고 있었어요. 그러던 저에게 어느 날 따듯한 마음을 지닌 그 사람이 다가왔고 저는 애써 그 사랑을 거부하며 잊어보려고 부단히 노력했습니다. 좋은 학벌에 고급 공무원, 화목한 가정, 어느것 하나 부족함이 없는 그이 앞에서 언제나 전 작은 먼지에 불과하다는 생각을 떨쳐버릴 수 없었어요. 8년 전 부모님을 교통사고로 잃어 부모님도 안 계신데다가 이혼녀라는 딱지까지 붙어 있었으니 저 또한 그 사람을 지독히도 사랑했지만 정말이지 그를 포기하고 싶었습니다. 그래야 그 사람도 나도 행복할 수 있다고 믿었으니까요.

하지만 그 사람의 말처럼 저희는 정말 만날 수밖에 없었던 인연이었나 봅니다. 서로의 마음에 큰 상처를 주고 아주 심하게 다툰 그날 그 사람의 꿈에 돌아가신 저희 어머님이 나타나셔서 "불쌍한 내 딸 자네가 보살펴 주게"라는 말씀을 하셨대요.

헤어지기 싫어 이젠 유치한 평계까지 대는 그이를 보며 더욱더 애처로운 생각에 "제발 이젠 나를 놔줘. 당신만 없으면 나 행복할 것 같아." 맘에 없는 소리를 퍼부었지만 힘없이 뒤돌아서는 그 사람의 뒷모습을 보며 가만히 있을 수가 없었습니다.

이네 달려가서 그를 안았고 그 사람은 저에게 세상에서 가장 멋진 프로포즈를 했어요.

"사람에겐 누구나 얼룩이 있기 마련이야. 그 얼룩은 깨끗이 지워질 수도 있고 영원히 자국으로 남을 수도 있어. 그건 그 사람의 생각과 앞으로 어떻게 사는지에 따라서 달라지는 거지. 그리고 지금 내 눈빛을 봐. 물론 다른 사람이 지금의 나보단 너에게 더 잘해 줄 수는 있겠지만 결코 그 사람들이 나를 이길 수 없는 게 하나 있어. 바로 너를 보는 이 눈빛. 사랑하는 이 눈빛 말야."

아직까지 그가 했던 말 한 마디 한 마디, 작은 숨소리 그리고 손의 떨림까지 눈앞에 생생하게 그려집니다. 그렇게 우린 식을 올리지 못한 채 같이 살게 되었고 그이는 전 남편 때문에 지게 된 빚마저 자신의 봉급을 털어 갚고 있습니다.

아팠던 지난 날들을 행복으로 보상해 줄 거라는 그의 말처럼 저에겐 과거가 없습니다. 오직 남편이 알게 해준 새 삶과 새 세상만이 저에겐 존재하지요. 가난하지만 가슴만은 배부른 우리 두 사람. 언제까지나 사랑을 나누며 세상을 아름답게 수놓고 싶습니다. 그리고 이제 다시는 남편에게 구멍난 양말도 신기지 않을래요. 우리 두 사람 사랑에도 구멍이 나지 않을 테니까요.

며느리도 자식이라고

경기 광명시 하안 1동 임경미씨의 사연입니다.

저는 시어머님을 무척이나 싫어했습니다. 서른 셋에 홀로 되신 어머님을 팔자 사나운 누군가와 끊임없이 비교하며 저 자신도 모르게 두터운 벽을 쌓고 살았습니다. 그런 시어머니가 새삼 한 여자로서 존경스럽고 안쓰럽게 느껴지기 시작한 것은 불과 얼마전의 일이었어요.

"아가야 니 묵으라고 열무지 담았다카이. 싸게 냉장고에 넣고 마." 열무지를 담은 김치통을 아무 생각 없이 건네 받다가 저는 어머님의 손을 보고 깜짝 놀라고 말았습니다. 그것은 여자의 손이라기보다는 마치 시멘트가 굳어져버린 것처럼 딱딱하고 이상한 손. 손톱이라고는 거의 찾아보기조차 힘든 그 험한 손을 쳐다보는 순간 저는 말문이 막혔습니다.

하지만 "어머니 이제 앞으로 이런 거 담그지 마세요. 누가 먹는다구요." 쌀쌀맞게 어머님의 그 수고에 답을 해버리고 말았지요. 마음은 그게 아닌데 말입니다.

지독히도 가난한 집의 맏며느리. 그 굴레가 너무도 버거워 시집온 첫해는 참 많이 울었습니다. 그 당시 적은 월급을 반으로 쪼개서 시어머님께 생활비로 드려야 했고 그 와중에도 시동생 학비며 어머님 병원비까지 하루라도 허리 펼 날이 없었으니까요. 그래서인지 나오는 건 한숨뿐이었고 느는 건 주름살과 원망뿐이었습니다. 언제까지 어머님 뒤치다꺼리를 해야 하느냐며 남편에게 화를 내봐도 하회탈처럼 마냥 웃고 서있는 남편. 처음에는 그런 남편이 더 미워 울음을 터뜨렸지만 나중에 그 웃는 모습이 자세히 들여다보면 금방이라도 눈물을 떨어뜨릴 것 같은 모습이라는 것을 알고는 남편에게는 아무 말도 하지 못한 채 자연스레 모든 원망을 시어머님께 쏟아 부었지요.

"니캉 내캉 전생에 죄가 많다카이."

6남매를 키우기 위해 도둑질 빼고는 다 해야 하셨다는 어머니. 그리고 가난한 집에 시집와 시댁 식구들 뒤치다꺼리를 해야 하는 나. 시어머님 말씀처럼 어머님과 저는 전생에 죄가 많은 사람들이었나 봅니다.

하지만 이젠 확실히 알 수 있습니다. 저는 참 운이 좋은 며느리라는 것을요. 어느 날 고구마를 먹고 급체를 한 적이 있는데 어머님이 제 손을 따주셨어요. 그리곤 이렇게 말씀하셨습니다.

"니 손 딸 때는 왜 이렇게 손이 떨리노 안 아팠나?"

동네 분들이 체하면 으레 어머님을 찾을 정도로 능수능란하게 손을 잘 따시는 분인데 못된 며느리도 자식이라고 행여 아프지 않을까 걱정하셨나봅니다.

어제는 어머님을 미워했지만 오늘은 어머님을 이해하고 내일부턴 어머님의 친딸이 되려고 합니다. 그래서 그 열무지 국물 맛도 전수 받고 가난하지만 남의 것을 탐하지 않고 꿋꿋이 자존심을 지키며 살아오신 어머님의 삶을 배우려 합니다.

외로운 서른잔치

부산 서구 암남동 임기남씨의 사연입니다.

 십 년이 넘게 이어지는 직장생활. 친구들은 이제 가정이라는 울타리 속에서 남편과 아이들의 웃음 속에 자리를 잡아가고 있지만 저는 혼자서 외로운 서른잔치를 끝내야 했습니다.
 직장생활에 익숙해질 때쯤 큰오빠와 작은오빠가 넌지시 제게 그러더군요. 둘이서 작은 사무실을 내기로 했는데 돈이 조금 모자라서 은행 대출을 받으려고 하는데 보증인이 필요하다고. 전 오빠들이 하는 일이고 평소 책임감 강한 오빠들이었기에 아무런 내색도 하지 않고 도장을 찍어주었습니다. 그런데 그런 일이 있은 얼마 후 전 법원에서 "월급 압류통지"를 받아야 했습니다. 서울에 있는 오빠들에게 아무리 연락을 해봐도 계속 통화가 안 된다는 말만 들려올 뿐 혼자서 속만 태워야 했어요.
 한참을 고민하다 여동생에게 의논했더니 동생 역시 저랑 같은 처지가 되어 있었습니다. 동생도 제게 걱정을 끼치기 싫어 말하지 않고 있었던 겁니다. 월급은 압류를 당해 최소한의 생활비만 남게 되었고 집으로 걸려오는 채무자들의 아우성은 커져갔습니다. 혹 아버지가 알게 될까 두려워 동생과 저는 급한 대로 사채를 얻어 조금씩 해결해 나갔지요. 집과 직장만을 오가며 사회의 따스한 면만 바라보며 살던 저에게 있어 그런 일은 너무나 저를 지치게 했습니다.

하지만 병석에 계신 할머니, 아무 경제적 능력이 없어 자식만을 바라보고 사시는 아버지, 직장 생활을 그만두고 싶어도 제 눈치만 보는 여동생, 그리고 어머니의 사랑을 받지 못한 채 군대에 간 막내 동생. 그들의 이 모든 시선을 받아야 하는 큰딸인 저는 점점 숨쉬기조차 힘에 겨웠습니다. 저도 숨쉬고 싶었고 친구들과 여유 있게 시간을 즐기고 싶었지요. 하지만 현실은 저를 꿈속에서 끌어내렸고 입을 꽉 물게 만들었어요.

그 일이 있은 지 이제 5년이란 시간이 흘렀습니다. 그 동안 허리띠를 졸라매고 악에 바쳐 치열하게 살아온 대가로 저는 이제서야 그 빚에서 겨우 벗어나 숨을 쉴 수 있게 되었어요. 지난 5년을 뒤돌아보면 지금은 천국이지요.

얼마 전 여동생이 저랑 한 마디 상의도 없이 직장을 그만두었습니다. 평소 아이들을 무척이나 좋아한 동생은 유치원 보조교사가 되기 위해 과감히 사직서를 냈다고 하더군요. 처음에 그 말을 듣고 저는 망연자실했어요. 제가 유일하게 기댈 수 있는 작은 기둥이었는데 이제 살만한데 또 동생의 짐까지 내가 져야 하나.

동생이 그랬습니다. "언니 미안해. 힘들어하는 언니를 보면서 나도 많이 생각했어. 하지만 지금이 지나가 버리면 다시는 기회가 오지 않을 것 같았어. 사실은 오빠들이 그런 일을 만들지 않았다며 그때 그만 두었을 거야. 일년만 지나고 나면 언니 기둥 다시 되어줄게. 지금보다 더 튼튼하고 든든한 기둥이 되어줄게."

아직도 무엇인가를 시작할 수 있다는 것. 아직 우리에겐 희망이 있다는 얘기겠지요. 동생의 희망 속에서 저 역시 희망을 느끼고 행복을 느끼게 되는 것을 보면 희망은 그리 멀리 있는 것이 아닌가 봅니다. 가끔은 결혼한 친구들의 모습을 보면서 부러움에 넋을 잃을 때도 있지만 저 역시 또다시 5년 후가 지나면 달라져 있을 제 생활을 그리며 오늘도 〈어제 오늘 그리고〉 그 말 줄임표 뒤에 숨겨진 가능성을 위해 열심히 뛰고 있습니다.

다운이의 체온

전북 전주시 완산구 삼천동 문미경씨의 사연입니다.

실로 한 달만에 아침에 일어나 남편에게 입가의 웃음을 건네 봅니다. 어젯밤엔 그토록 보고 싶어했던 딸아이 다운이를 만났기 때문입니다.

지난 6월 14일 세상에 태어난 지 14개월만에 심장병으로 고통만 느끼다가 제 곁을 무정하게 떠나버린 딸아이 다운이가 꿈속에서 저를 찾아왔어요. 떠나버린 후 그렇게도 애타게 불러도 대답조차 없던 얼굴을 만지고 싶어도 느낄 수가 없었던 다운이가 저를 찾아온 겁니다. 항상 잠이 들기 전에는 꼭 간절히 기도를 했어요.

"다운아 제발 엄마 꿈속에 나타나 너를 보여다오. 꼭 한번만, 한번만이라도 껴안아 봤으면 좋겠구나." 하지만 다운이에 대한 그리움과 슬픔 그리고 감당하기 어려운 아픔들이 제 가슴을 짓누르기가 일쑤였습니다.

이렇게 하루 이틀 시간은 흘러 30일이 지나버렸지요. 그런데 바로 지난 밤에 자식을 먼저 떠나보내고 괴로워하는 어미의 마음을 조금이라도 이해를 한 듯 제 꿈에 나타나 품에 꼭 안긴 채 잠들어 있는 다운이의 모습에 하염없는 눈물을 흘리며 행복을 느낄 수 있었습니다.

볼도 비벼보고 살이 부서져라 꼭 안아도 보았지요. 아침에 눈을 뜨고서도 얼마동안은 다운이의 체온을 느낄 수가 있어 얼마나 행복했는지 모릅니다.

이젠 고통 없는 곳에 좋은 곳으로 다운이를 떠나보낼 마음의 준비를 해야 할 때인 것 같은데 좀체 다운이를 놓치고 싶지 않아요. 입술을 깨물며 다운이를 잊자고 몇 번씩 다짐했건만 하루 24시간 재롱 피우던 다운이의 모습을 지우기가 너무나 어렵고 고통스럽습니다. 무엇보다 가장 안타까운 건 다운이가 아름다운 세상은 보지 못한 채 그냥 그대로 가버려 이 세상을 고통만 있는 곳으로 기억할까 못내 가슴이 아프지요. 한번도 제대로 세상을 보여준 적이 없는데….

하지만 비록 세상 그 무엇과도 바꿀 수 없었던 첫 아이 다운이는 떠나 보냈지만 이제부터는 잊고 새로운 삶을 살아야겠지요? 다행히도 다운이가 떠나면서 저희들에게 건네주고 간 새 생명. 이제 6주 된 뱃속의 아기를 위해 그리고 저만큼이나 힘들면서도 전혀 힘든 내색하나 하지 않는 남편을 위해…….

예전에 다운이를 가졌을 때 그랬듯이 내일만을 위해 오직 희망만을 가지고 최선을 다하며 열심히 살아갈 것을 우리 다운이에게 약속합니다.

"다운아 이제는 엄마도 다운이 보고 싶어도 꾹 참고 열심히 아빠랑 살아갈 테니 다운이도 아빠, 엄마보고 싶어도 꾹 참고 뒤돌아보지 말고 부디 좋은 곳으로 가렴."

아버지의 외길 인생

서울 강북구 미아 2동 양정금씨의 사연입니다.

때로는 눈물을, 때로는 희망을, 때로는 감동을 주는〈어제 오늘 그리고〉를 듣다가 저도 가요응접실 가족들에게 뭔가 드리고 싶다는 생각에 이렇게 용기를 내어 문을 두드립니다.

45년 교직 인생 한길만을 걸어오신 아버지의 인내심과 그 열정을 말씀드리려고요. 저희 아버지는 올해 8월에 정년 퇴임을 앞두신 1남 6녀의 가장이십니다. 원래대로 하면 내년에 퇴임을 하셔야 하지만 국가정책상 조금 앞당겨지셨고 일을 좋아하시는 아버지는 그만둔다는 사실 그 자체만으로 많이 힘겨워 하시는 것 같았습니다.

아버지 나이 겨우 세 살 때 갓 태어난 작은아버지와 할머니만을 남기고 돌아가신 할아버지 때문에 불우한 환경에서 자라셔야 했습니다. 오로지 공부만이 살길이다 생각하신 아버지는 제대로 학교도 다니지 못한 채 20대 중반이 되서야 검정고시로 대학을 진학할 수 있었고 졸업 후 교직에 몸담으실 수 있었습니다. 배우지 못한 한과 정열을 남을 가르치는 데 쏟고 싶으셨던 거지요.

하지만 아버지의 배움에 대한 끊임없는 열정은 나이가 드실 수록 그치질 않았고 급기야 나이 오십에 국비시험에 합격해 호주로 유학을 떠나시게 되었습니다. 없는 집안에 시집 와서 그렇지 않아도 넉넉지 못한 상황인데(당시 대학생 언니 2명에 입시생 1명, 중학생 3명, 초등학교 3학년생인 저까지 줄줄이 사탕처럼 다들 학교에 다닐 때였다고 합니다.)

그렇게 아버지가 유학을 가버리신 후 생계는 모두 어머니 책임이었으니까요. 아버지는 아버지대로 수업 따라 가느라 평균 3시간씩 주무시며 공부를 하셨고 어머닌 어머니대로 자식들 가르치느라 제대로 먹지도, 입지도, 잠도 못 주무셨던 시절이라고 합니다.

그런 아버지가 얼마 전 함박웃음을 지으시며 집으로 들어오셨어요. 그 동안 아무도 모르게 번역사 시험에 응시하셨고 세네 번의 도전 끝에 드디어 이번에 합격하셨다는 겁니다. 저녁이면 서재에서 나오시지도 않고 무언가 열심히 하시더니 번역사 시험을 준비하고 계셨던 겁니다.

"퇴임을 하고 나면 여행이나 다닐 줄 알았는데 그래!! 내 팔자에 무슨 여행이야. 에구 내 팔자야."

아버지가 다시 일을 시작하신다는 말에 어머니는 못내 아쉬운 듯 투정을 부리시곤 하지만 어머니 역시 항상 노력하는 아버지의 모습이 자랑스러우신가 봐요. 세상 사람들이 아버지의 반의반만 닮아도 하루아침에 나라가 일어설 텐데 라고 말씀하시는 것을 보면요.

예전엔 주말에도 외식 한번 안하고 공부만 하시는 아버지가 그렇게 미울 수가 없었는데요. 지금은 외길 인생의 참 맛을 알게 해주시는 아버지가 말할 수 없이 자랑스럽고 또 그렇게 존경스러울 수가 없어요.

어제와 오늘의 아픔을 이길 수 있는 길은 끊임없이 노력하고 자신을 계발시키는데 그 열쇠가 있다는 말 사실인가 봅니다. 저희 아버지를 보면 알 수 있어요.

나의 소망은 절망을 잊는 것

전북 군산시 이순옥씨의 사연입니다.

"엄마 정말 학교 가지 않을래요. 집에서 열심히 공부해서 대학 갈게요. 믿어 주세요."

97년 8월 고 3인 큰아들의 갑작스런 선언은 충격적이었지요. 물론 학력이 중요하겠지요? 각자 개성대로 능력대로 각자가 하고 싶어하는 일을 하고 살면 되지요. 하지만 제 자식의 일이 되고 보니 쉽지만은 않더군요.

특별히 말썽을 부린 적도 부모의 말을 거역한 적도 없는 녀석이었는데 공부가 싫다는 것도 아니고 그렇다고 학교에서 무슨 문제가 있었던 것도 아니고 아들을 계속 설득해봤지만 굳은 결심을 한 녀석을 이길 수가 없었습니다.

"그래 후회하지 않을 자신 있으면 그렇게 해. 고민하면서 혼자 많이 힘들었을 텐데 결심한 거 변치 말고 꼭 열심히 해야 해?"

저는 아들을 믿기로 했습니다. 하지만 기분은 참담했고 그 결정을 내린 다음에도 마음을 진정시킬 수가 없었습니다.

그래서일까요? 며칠 뒤 저는 운전을 하고 가다가 교통사고를 당했습니다. 큰 사고는 아니었지만 병원에 입원을 하게 되었고, 남편과 함께 하던 가게는 모두 남편의 몫으로 돌아갔습니다. 병원에 있어도 마음이 편할 리 없었지요. 설상가상으로 추석 무렵 상품대금으로 받은 어음이 부도어음이었던 것입니다. 부부가 개미같이 열심히 일해서 꾸려 가는 가게였기 때문에 삼천 여만 원이란 돈은 저희에겐 정말 큰돈이었는데 말이에요.

이리저리 수소문을 해 부도를 낸 사람을 찾아봤지만 어디에도 그 사람은 없었고 결국 은행에서 간신히 대출을 받아 해결을 했어요. 하지만 마음에 입은 상처만은 해결되지 않은 채 며칠씩 잠을 이루지 못하고 자다가도 불쑥 일어나 한숨을 쉬는 고통의 날들을 보내야 했지요. 그래도 모질게 마음을 먹고 남편은 저에게, 저는 남편에게 서로 위로를 하며 다시 일어서자고 굳게 다짐했습니다.

그나마 우리의 희망인 아들녀석이 작년 8월에 시행된 대입 검정고시를 무난히 합격했다는 통지를 받고 많은 위안을 받게 되었답니다. 때때로 어제의 가슴앓이를 생각하면 한숨부터 나옵니다. 들어내놓고 속상해하면 남편의 마음이 아플까봐 눈물을 감추어야 했던 시절이었으니까요.

하지만 이길 수 있습니다. 이젠 건강을 되찾았고 속을 썩히던 아들 녀석도 지방 국립대에 수석으로 입학하여 장학금을 받으며 즐겁게 학교생활을 하고 있으니까요.

저의 소망은 어제의 그 절망을 잊는 것이랍니다. 그래서 예전의 밝고 행복했던 저의 모습으로 되돌아가는 거예요. 그렇기 때문에 글로는 다 표현할 수 없는 이 아픈 기억들을 가요응접실에 쏟아 붓고 있는 건데요. 툴툴 털어 버리고 난 지금 이젠 힘차게 내일을 준비할 수 있을 것 같습니다. 믿어야지요. 아들을 믿었던 것처럼. 내일도 모레도.

부모님의 큰 뜻

<u>서울 강남구 수서동 김순열씨의 사연입니다.</u>

저희 부모님께서는 젊어서 자수성가하신 분들로 경제적인 넉넉함에도 불구하고 평생 근검 절약을 생활신조로 살아오신 분들이랍니다. 워낙 당신들에게나 자식들에게 물질적으로 인색하신 분들이라 제가 결혼할 당시 부모님께서 마련해주신 방 한 칸짜리 전세방은 저에게 있어서는 과분한 것이었지요.

제가 대학에 다닐 때도 학비와 관련되는 돈만 주셨기에 부족한 용돈은 직접 아르바이트를 해서 마련해야 했습니다. 그래도 저는 넉넉한 집안의 맏아들로서 '평생 돈걱정은 안하고 살겠다. 나중에 유산이 상당할거야' 라는 친구들이나 주변의 말들을 농담 반, 진담 반으로 들었었지요. 그러나 3년 전 부모님께서는 유언장을 미리 만들어 놓으시면서 형제들이 모인 자리에서 당신들 재산의 상당 부분을 사회복지를 위해 쓰겠다는 뜻을 비추셨습니다. 솔직히 너무나 황당하였습니다. 정말 너무하시는구나 라는 섭섭한 마음이 들기도 했어요.

평소에도 각종 후원회며 단체에 꾸준히 기부를 해오셨고 고향에도 많은 지원을 하고 계시다는 것을 알고는 있었지만 막상 당신 자식들에게는 연금 보험증서 하나씩뿐이라니요. 그 동안 내색치 많았던 서운함과 기대들이 와르르 무너지는 순간이었습니다. 남들은 재산 문제로 형제간에 의가 상하기도 한다던데 저희는 부모님을 회유하느라 일치단결하게 되었고 그 일로 오히려 더욱더 결속을 다지는 계기가 되었답니다.

그러나 자식들에게 배움의 부족함만큼은 없도록 키워주신 부모님의 마지막 뜻이니 만큼 따라야 한다는 쪽으로 의견이 모아져 결국 그 문제는 일단락되었지요. 그러다 지난 해 동생이 두 번에 걸친 대수술을 겪으면서 저는 부모님의 큰 뜻을 비로소 알게 되었습니다.

그 동안 부모님께 도움을 받아왔던 많은 분들로부터 끊이지 않는 도움의 손길이 이어졌고 그분들이 모아주신 헌혈증서로 무사히 수술을 마치게 된 것입니다. 그뿐 아니라 멀리 고향에서까지 각종 건강상품이며 농산물들을 가지고 직접 찾아주시는 많은 분들로 인해 저희는 다른 환자들에게 폐가 되지 않도록 병실을 따로 써야 할 정도였어요. 생사가 걸린 큰일을 치르면서 겪게 되는 무력감과 외로움을 그분들의 도움으로 이겨낼 수 있었던 것입니다.

사람은 왜 혼자 살 수 없는 것인지 그리고 왜 주고받는 마음이 제일 중요한 건지 그 진정한 의미를 깨닫게 되었습니다. 꼭 도움을 주고받기에 앞서 내가 먼저 누군가의 이웃이 되어 주었을 때 나 또한 그 이웃을 얻을 수 있는 것이며 그런 이웃들 속에서 우리의 삶이 이어진다는 사실 그 사실을 저희 부모님, 당신들께서는 알고 계셨던 것이죠.

어제는 남에게 베풀 줄만 알지 정작 자기 자식들에게는 돈 쓰는 것을 인색하신 부모님을 원망하고 살았다면 이제 저는 부모님을 이 세상 누구보다도 존경하고 있습니다. 돈보다 더 값진 것을 저희에게 물려주신 분들이니까요.

저 또한 이 다음에 제 자식들에게 남겨줄 재산 1호는 남과 더불어 살아갈 줄 아는 지혜. 사랑과 봉사의 정신을 가르치는 것이랍니다. 더도 말고 꼭 저희 부모님의 모습이었으면 좋겠어요. 저의 30년 후의 모습이 정말 그러했으면 좋겠어요.

나의 고향 동강

서울 용산구 청파동 1가 최준희씨의 사연입니다.

고인돌과 아라리가 뒤엉켜 아늑한 전설이 흐르는 나의 고향 동강. 저는 그 동강 때문에 세 번을 울어야 했습니다.

그 첫 번째 눈물은 어릴 적 겪었던 가난 때문이었어요. 너무나 길던 동강의 겨울. 겨우내 먹을 쌀이며 보리 밀 감자 옥수수는 언제나 모자랐고, 그러면 아버지께서는 제 손을 잡고 얼어붙은 동강으로 나가곤 하셨지요. 얼음을 "쾅" 하고 두들기면 누치, 꺽치가 놀라 기절을 하고 그러면 저는 재빨리 양동이에다가 물고기들을 주워 담았습니다.

장작불에 구워먹던 물고기의 맛은 달리 표현할 말이 없었어요. 그런데 동강을 가끔씩 찾아오는 도시 사람들과 그들의 손을 잡고 온 또래 아이들의 멋진 차림에 저는 늘 주눅이 들었습니다. 그러던 어느 날인가 저는 구두를 사달라며 아버지를 졸랐고 결국은 회초리 세례를 받아야 했어요.

가난은 그저 배고픈 것이다 라고만 알고 있었던 저는 가난이란 어느 하나도 내 것이 될 수 없게 하는 것이다 라는 사실을 절실히 깨달을 수 있었고, 그때부터 어름치와 꺽치잡이를 하는 것도 재미가 없어졌습니다. 그리고는 가난한 동강이 그리 미울 수가 없어

돌을 집어던지며 실컷 울었던 기억도 납니다.

저의 두 번째 울음은 동강에 아버님을 모시고 나서였어요. 평생을 강과 흙에서 살아오신 아버님. 가난했지만 건강한 웃음과 진실한 삶을 살아오셨던 아버님이셨습니다. 언제부턴가 밭은기침을 하시더니 동강에 봄이 왔을 때 하늘로 가셨습니다. 공부를 하라며 저를 도시로 보내시고는 제 교육비를 위해 더욱더 많은 일을 하셨던 아버님을 동강이 바라보이는 야산에 모시고 돌아오는 길 목놓아 아버님을 부르며 울었습니다. 그때도 아무 것도 모르는 비오리 가족들은 장난 어린 날갯짓을 하며 동강을 힘껏 날아갔지요.

그리고 요즘 영월댐 건설로 인해 매스컴에 자주 오르내리던 동강이 밀려드는 관광객으로 인해 오염이 되어 간다는 소식을 듣고 저는 또 눈물을 흘려야 했습니다. 떠나온 고향에 대한 그리움이라기보다는 무엇인가 잃지 말아야 할 것을 잃는 기분이 들었기 때문이죠. 흙 내음 질펀한 길과 가슴 시리도록 푸른 강 아리랑 가락이 강물을 따라 흐르면 녹두꽃이 물들어 백운산을 뒤덮고 생명처럼 질긴 사람들이 자연과 어우러져 호흡하던 곳. 동강 그곳은 우리가 지켜야 할 고향이자 부모님의 품과 같은 곳이랍니다.

저의 작은 소망이 있다면 이 소중한 생명의 강을 위해 제가 뭔가 보탬이 되는 일을 하는 것입니다. 이렇게 사연을 보내 애청자들에게 부탁의 말을 전하는 것이 시작이었다면 아이들이 방학을 하는 7월 중순에 아이들을 데리고 고향으로 내려가 동강 살리기에 앞장설 예정입니다. 그리고 아버지께도 문안 인사 여쭤야 하죠. 깨끗한 동강이 보기 어떠시냐구요.

살며 사랑하며 아끼며

<u>서울 송파구 거여동 한승현씨의 사연입니다.</u>

저는 할인점에 곡물을 납품하는 배송기사입니다. 아침 일찍 일어나 회사에 출근해 트럭에 쌀을 실을 때마다 혼자 이렇게 기도하곤 합니다.

"한 톨 한 톨이 모여 한 짐 가득한 쌀가마니가 되듯 오늘 이 하루 하루의 행복이 모여 큰 행복을 가져다주게 해주세요" 라고 말입니다.

지난 96년 남들이 어렵고 고되다 하던 특전사의 4년 6개월의 군대 생활을 무사히 마치고 전역했습니다. 중사계급장을 달고 간부 생활을 하던 중 지금의 아내를 만나 사랑하게 되었고 제대하던 날 그녀를 아내로 맞이하게 되었지요.

신혼생활은 사무실을 개조한 방에서 시작했어요. 한쪽 벽면의 전체는 붙박이 대형 유리창이었고 방안에 주방이 설비되어 있는 그런 곳에서 추위와 곰팡이, 습기를 안고 생활을 했지요. 군 생활로 터득한 인내와 노력, 그리고 군 생활 전 조금이나마 배워온 사회생활로 제2의 인생을 시작하려 했지만 마음처럼 그리 쉽지만은 않았습니다. 어려운 살림에 아내는 아기까지 갖게 되었으니 몸 고생, 마음 고생은 이루 말로는 다 표현할 수 없었지요.

아기 우유 값이라도 벌어야겠다 싶었는지 아내는 직접 공구를 조립하는 부업을 하게 되었고 아내의 손에선 점점 지문이 사라져 갔습니다. 졸음도 무릅쓰고 10원 20원하는 수입을 위해 공구 조립을 하다가 공구 끝에 몇 번이고 정강이를 찍어 그 아픔에, 그 설움에 몇 번이고 쓰라린 눈물을 흘려야 했어요. 애써 눈물을 훔치며 다시 공구를 조립하던 아내의 모습, 그 모습에 전 다시 일어서야 한다 라는 결심을 하게 되었고 다행히도 제가 지금의 곡물을 취급하는 회사에 취직되어 열심히 일을 할 수 있었습니다.

이후 열심히, 알뜰히 저축과 검소한 생활로 어려운 가정을 조금씩 일으켜 세웠지요. 지금은 그때 엄마와 아픔을 같이 해왔던 큰 딸 소연이와 지난 달에 태어난 다훈이 이렇게 저희 네 식구 소박하고 아기자기한 살림을 일구며 살고 있지만 아직도 지워지지 않는 아내의 정강이의 상처를 볼 때마다 못난 제 자신에 대한 죄책감에 가슴이 저며옵니다.

하지만 오늘도 전 열심히 쌀 짐을 들며 밝은 미래를 꿈꾸며 살아가고 있습니다. 아내의 상처가 지워질 때면 힘들었던 지난날과 오늘의 이 고된 일들이 모두 따스한 추억으로 남을 테니까요. 그리고 그날이 오면 그때의 그 상처 때문에 더운 여름에도 긴 바지를 입고 다니는 제 아내, 그 아내의 소망대로 세상에서 가장 아름다운 치마를 하루에 한 벌씩 사다줄 생각입니다. 그러려면 더욱더 검소하게 생활해 돈을 많이 저축해야겠지요.

'살며 사랑하며 아끼며' 오늘도 전 이 말을 가슴에 새기고 그날을 꿈꾸며 행복한 운전을 하고 있습니다.

7년 동안의 기다림

부산 남구 감만 1동 반유진씨의 사연입니다.

　사람에게는 어쩔 수 없는 운명이 있는가 봅니다. 그렇게 절실히 바라는 사람에게는 그 일이 주어지지 않는데 피해갔으면 하는 사람에게는 그 일이 닥치니 말입니다.
　저는 결혼한 지 7년이 되었건만 아이를 가지지 못했습니다. 처음 3년 가량은 늦어질 수도 있다는 생각에 그다지 걱정하지 않고 지냈는데 해가 지날수록 초조해지기 시작해졌어요. 거리에서 임신한 여자를 볼 때마다 그 부러움은 이루 말할 수 없이 커져만 갔고 여자라면 누구나 가진 능력인데 나만 그렇지 못하다는 생각에 비관한 때도 많았습니다.
　병원에서 검사도 해봤지만 아무런 이상이 없으니 좀더 기다려 보라는 얘기만을 들어야 했고 아이를 낳을 수 있다는 것이라면 그것이 무엇이든 간에 열심히 했습니다. 하지만 그럴수록 정신적, 경제적 피해는 날로 커지기만 했지요. 우리끼리도 충분히 행복할 수 있다며 저를 위로하는 남편, 하지만 전 그런 남편을 너무나 사랑하기에 더욱더 미안했고 아이가 필요했습니다.
　간혹 TV에서 아무 생각 없이 낙태를 하는 젊은 여성들과 아이를 버리는 부모들의 모습이 비칠 때면 저도 모르게 화가 났고 그

때마다 하늘을 원망하며 눈물로 호소했습니다. 어느 부부 못지 않게 정성을 다해 사랑하며 키울 테니 그리고 이렇게 절실히 원하고 있으니 제발 기회를 달라고 수없이 빌었지요.

그렇게 7년이란 세월이 흘렀습니다. 지금 제 뱃속에는 새 생명이 자라고 있습니다. 처음 임신이라는 얘기를 들었을 땐 세상을 다 얻은 것 같았고 세상 어느 여자도 부럽지 않더군요. 제 나이 서른 다섯, 결혼한 지 7년만에 어렵게 얻은 제 자식이니까요. 하지만 아이를 갖는다는 것 역시 저희 부부에게 있어서는 특별한 일인가봅니다.

임신 5개월 무렵 기형아 검사를 했는데 의사선생님 말씀이 기형일 가능성이 많다는 것이에요. 다운증후군 확률이 50퍼센트를 넘는다며 신생아 700명 중 1명 꼴로 발생하는데 정신박약, 지능저하, 선천성 심장병을 수반할 수 있다는 것이었습니다. 주위에서는 모두 유산을 권했지만 저희 부부는 거절했습니다. 다음 임신을 확신할 수도 없는 일이고 어떻게 해서 얻은 아이인데 단지 그런 이유로 포기할 수는 없는 일이었지요.

다음 달이면 우리 아기가 세상에 나오게 됩니다. 만약 정말 병원에서 말한 것처럼 선천적인 장애를 입고 나오게 되더라도 저희 부부는 세상 그 어느 아기보다도 더욱더 소중하게 키울 겁니다. 세상에는 몸보다 마음이 기형인 사람들이 많으니까요.

"아가야. 꼭 좋은 부모가 될게. 어서 나와 너의 웃음을 보여주렴."

헌 비닐 우산을 보며

<u>인천 서구 연수 1동 김연숙씨의 사연입니다.</u>

언제 어디서 샀는지 알 수는 없지만 저희 집엔 헌 비닐 우산이 두 개나 있습니다. 그 가운데 하나는 우산살이 세 개나 부러져 너덜너덜 흉측한 모습이지만 그래도 버리기에는 너무 아까운 생각이 들어 잘 보관하고 있지요.

어린 시절 아버지는 노동이라도 해서 돈을 벌어 오겠다며 도시로 떠나셨고 혼자 남은 어머니가 여섯 식구의 생계를 책임지셔야 했어요. 어머니는 새벽 일찍 나가 하루종일 일하고 저희들이 다 잠이 든 후에야 집으로 돌아오셔야 하는 힘든 생활을 하셨습니다. 너무나 힘이 들어서 어떤 때는 몇 번이고 도망칠 생각을 하셨다고 하니 어머니의 고달픈 삶, 말로는 다 표현할 수 없고 또 표현되지도 않겠지요.

중학교 졸업을 며칠 앞둔 어느 날 어머니께서는 저를 불러 고등학교에 보내지 못하겠다는 말씀을 하셨고, 저는 사흘이 넘도록 물 한 모금도 먹지 않고 시위를 벌인 적이 있습니다. 학교에 가고 싶었고 공부를 더 하고 싶었어요. 이 지긋지긋한 가난에서 벗어나는 방법은 공부하는 길밖에 없다고 생각하던 때였으니까요.

며칠이 지난 후 제 소식을 들으신 인천에 살고 계시는 외숙모 님께 공부를 할 수 있는 방법이 있으니 무조건 올라오라는 연락이 왔습니다. 그날 밤 어머니를 부둥켜안고 얼마나 울었는지 모릅니다. 강원도에서 인천까지 어떻게 왔는지도 모르게 설레는 마음으로 달려와 그날부터 낮에는 회사에서 열심히 일하고 밤에는 전국 방방곡곡에서 모여든 친구들과 함께 야학에 나가 공부를 했습니다.

객지 생활에 눈물도 많이 흘렸고 많이도 아파했어요. 객지 생활할 때 제일 서러운 것이 몸이 아플 때라고 하더니 어느 날이던가 수업을 마치고 야학 문을 나서는데 비가 장대처럼 쏟아지더군요. 그냥 비닐 우산을 하나 살까 하는 마음도 있었지만 한푼이 아쉬운 때였기 때문에 그냥 그 비를 다 맞고 기숙사로 돌아왔습니다. 그날밤 저는 곁에서 지켜주는 이 하나 없는 곳에서 고열에 시달리며 엄마만 부르며 심하게 앓아야 했지요.

17년이 지난 지금 저는 두 아이의 엄마가 되어 있습니다. 열심히 야학을 다니며 공부한 결과 검정고시에 합격되어 무사히 야간대학까지 마칠 수 있었고 대학에서 만난 선배와 결혼도 할 수 있었지요. 뒤돌아보면 어떻게 그런 힘겨운 시간을 견딜 수 있었을까 싶을 정도로 고된 날들이었는데 이상하게도 그때를 생각하면 자꾸만 웃음이 납니다. 아마도 그때의 그 힘든 생활이 없었다면 지금의 제가 존재할 수 없기 때문이겠지요.

제 소망은 야학 교사가 되는 것이에요. 그 옛날 제가 받았던 그 은혜를 조금이라도 사회에 돌려주고 싶은 마음 때문입니다. 지금은 막내 아이가 너무 어려 제 손을 많이 타야 하기 때문에 꼼짝없이 곁에 있어야 하지만요. 2년 뒤 제 아이가 유치원에 가게 될 무렵이면 저 또한 야학 교사가 되어 17년 전 저와 같은 모습의 학생들을 앉혀놓고 열심히 성의껏 배움을 전하고 있을 겁니다. 생각만 해도 가슴이 벅차 오르네요.

소망의 집

전남 영암군 신북면 조수정씨의 사연입니다.

들녘의 푸르름이 한층 더해 가는 6월입니다. 흐르는 시간을 잡을 수도 막을 수도 없겠지만 할 수만 있다면 큰 남동생이 저희 곁을 떠난 1년 전 바로 그날로 되돌아갔으면 좋겠습니다.

7남매의 넷째로 태어나신 어머니는 가정형편 때문에 제대로 된 교육도 한 번 받지 못하신 채 고사리 손으로 이 공장 저 공장을 전전하며 일을 하셔야 했다고 합니다. 먹는 것조차 제대로 해결되지 않아 한 그릇 분량의 쌀을 커다란 가마솥에 붓고 물을 잔뜩 부어 희멀건 한 숭늉같이 만든 다음 한 그릇씩 마시는 것으로 끼니를 해결해야 했다고 하니 식구들이 많은 것은 어린 어머니에게 있어 커다란 짐이었겠지요.

그래서인지 어머닌 아버지와 결혼 후에도 혹 그런 고생들을 자식들에게 대물림하게 되지는 않을까 싶어 저희 남매만을 두셨던 것입니다. 그런 어머니에게 있어 지난 세월은 무척이나 힘겨운 시간들이었습니다.

동생이 초등학교 3학년이 되던 해 한 달에 한번씩 집에 오시는 외할머니께서는 동생의 눈꺼풀이 볼 때마다 처진다는 말을 하셨고 그동안 한번도 이상하게 여기지 않았던 식구들은 그제야 부리나케 동생을 병원에 데리고 갔습니다. 병명조차 알 수 없었던 병과의 싸움.

눈꺼풀은 쳐져서 두 눈을 거의 덮다시피 했고 귀는 들리지 않는 상태까지 되었으며 목소리조차 다른 사람이 알아들을 수 없게 되는 등 시간이 흐를수록 깊어만 가는 동생의 변화는 가난했지만 단란했었던 저희 가족들을 흔들어 놓기 시작했습니다. 집 한 칸도 없이 남의 집 셋방살이를 했던 저희 가족은 그마저 내놓고 시골의 흉가로 이사를 해야만 했어요.

아버지는 다니던 직장을 그만두시고 동생을 데리고 전국의 용하다는 병원, 의원, 한약방 등을 찾아다니셨습니다. 병명도 모르는 병을 낫게 하겠다며 새벽부터 밤늦게까지 리어카 행상을 하면서 전국 구석구석을 다니시며 동생을 살리려고 애쓰신 겁니다.

집에서는 언제나 한약 냄새가 풍겼고 방 한쪽 구석에는 약봉지가 잔뜩 쌓여 있었지요. 그렇게 병과 함께 15년을 보낸 동생은 작년 이맘때쯤 눈꺼풀이 완전히 덮어버린 작은 눈, 성장이 거의 멈춰버린 뼈만 앙상하게 남은 작은 몸으로 저희 가족에게서 영원히 떠나갔어요.

1년이 지난 지금 유난히도 제 삼촌을 따르던 아들 녀석이 철없이 어머니 앞에서 제 삼촌 이야기를 꺼내니 금새 어머니의 눈에는 눈물이 맺혀옵니다. 자식이 죽으면 가슴에 묻는다 했던가요? 지금도 밤이면 불면증과 신경성 두통에 시달리시는 어머니, 그런 어머니가 웃을 수 있는 시간은 매주 일요일. 건너 동네에 있는 소망의 집을 찾아가는 날입니다. 초등학교 3학년 이후 한 번도 맑은 눈동자를 보여주지 않았던, 하지만 누구보다도 반짝이는 눈빛을 지녔던 동생에게 못 다한 사랑을 그곳 아이들에게 전해주기 위해 서지요.

제 소망은 어머니께서 부디 건강하셔서 지금처럼만 활짝 웃는 모습을 오래도록 보게 되는 겁니다. 아직도 동생의 병을 치료해주지 못한 것이 못내 당신의 사랑이 부족했기 때문이라고 믿고 계시는 어머니에게는 그곳 소망의 집에서 사랑을 베푸는 시간이야말로 가장 행복한 시간일 테니까요.

단둘이 홀로 서기

전북 김제시 남봉동 김은정씨의 사연입니다.

8년간의 연애를 마치고 결혼한 지 2년만에 남편과 저는 작은 전세방을 마련했습니다. 전세금 천 2백만 원. 월세 10만 원에 살 때나 지금이나 다 같은 단칸방이요, 공동 화장실에 월말만 되면 물세다 전기세다 세 들어 사는 사람들끼리 이러쿵저러쿵 말이 많은 건 여전하지만 그래도 가계부에서 매달 빠져나가던 월세 10만 원이 이제 고스란히 제 손에 있다고 생각하니 공돈이 생긴 것 같아 마냥 기쁘기만 합니다.

남편과 저는 대학 1학년 때 친구로 만났습니다. 그리고 1년쯤 지난 뒤 우리는 서로에게 친구 이상의 감정을 가지고 있다는 것을 알게 되었고 그후로 8년간 한 번의 다툼도 없이 이쁘게 사랑을 나누었지요. 그리고 결혼 적령기가 되어 저희는 근사한 청혼의 말 한 마디 없이 서로가 당연히 이 사람하고 결혼해야 한다라는 생각으로 결혼을 하게 되었습니다. 결혼을 앞두고 남편은 제게 한 가지 제안을 하더군요.

"지금까지 부모님께 용돈 한 번 제대로 드려본 적 없는데 부모님의 도움을 받아 결혼생활을 시작하고 싶지 않다. 우리 스스로 한번 일궈보자."

우선 월세 10만 원하는 조그만 단칸방을 구한 뒤 주변 사람들에게 오래 되어서 안 쓰는 살림살이를 얻었습니다. 그러다 보니 우리가 새로 산 것은 다리미와 전화기뿐이었고요. 한번은 제일 친한 선후배 친구들을 초대해 집들이를 하는데 한 선배언니가 이런 말을 하더군요.

"야 너희들 사는 게 좀 심하다. 꼭 부모도 집도 없는 사람들이 서로 만나 아등바등 사는 것 같잖아. 이게 사람 사는 꼴이니?"

잠시 마음의 상처를 입긴 했지만 그래도 우리는 스스로의 힘으로 생활터전을 잡았다 라는 자부심 하나로 버텼습니다. 보너스도 없는 한달 월급 70만 원으로 월세 내고 적금 넣고 어쩔 때는 꼭 이렇게 구차하게 살아야 하나 싶은 생각이 들어 속상할 때도 많고 창피한 적도 있었지만 그렇게 고생한 지 2년, 순전히 우리의 힘으로 전세방을 마련하게 되었을 땐 내가 그리고 내 남편이 너무나 자랑스럽더군요.

돈 있는 사람에게는 몇 푼 안 되는 소소한 돈이지만 저희에게는 피나는 노력의 결과였으니까요. 궁상떨며 사는 거 보기 싫다 시던 부모님들도 이제는 무척 대견해 하신 답니다.

저희도 부모님의 도움을 받았으면 지금보다는 훨씬 순탄하게 출발할 수 있었겠지요. 하지만 뒤돌아보면 다른 친구들보다 출발은 조금 늦었을지언정 돈주고도 못살 많은 것들을 얻었다고 생각합니다. 검소한 생활과 생활력 그리고 자신감 등을 말이에요.

앞으로 40일 후면 우리 아이가 태어납니다. 우리 아이도 엄마 아빠의 검소함과 건강함을 닮길 바라고 있어요.

사과꽃 향기

서울 강남구 개포동 박현아씨의 사연입니다.

 햇살이 제법 따가운 오후 한 통의 등기 우편을 받았습니다. 저와 함께 나이를 먹어온 시골 과수원이 팔렸다는 소식이었어요. 원금을 제때 갚지 못해 턱없이 불어난 대출금과 이자 때문에 어쩔 수 없이 팔게 되었고, 한 달이 지난 오늘 결국 남의 손에 넘어가게 되었다는 소식을 듣게 된 것입니다.
 유난히 달고 물이 많던 사과가 주렁주렁 열리는 그 묘목들은 제가 열 살 되던 해 심어져 저와 함께 자랐습니다. 가파른 능선을 따라 중심을 잡고 서있던 나무들은 나이를 먹을수록 실하고 의젓하게 커갔지요. 철을 잊지 않고 봄이면 파란 싹을 틔우고 소담스러운 사과꽃을 피워 그 자태를 뽐내고 주렁주렁 열매를 맺는 나무들. 그 나무들은 부모님의 희망이자 저에겐 친구와 같은 존재였습니다. 자연의 이치, 삶의 진리를 그 나무에게서 배웠다고 해도 과언이 아니지요. 하지만 돌이켜보면 어린 저에게 있어 그 나무들은 그렇게 사랑스런 친구는 아니었던 것 같습니다. 딸만 셋인 집의 장녀로 태어난 저는 아들 역할까지 모두 해내야 했으니까요.
 학교를 파하고 나면 친구들과 한가로이 얘기할 시간도 없이 집으로 달려와 과수원에 나간 어머니 대신 동생들을 챙겨야 했고, 일손이 부족할 때에는 과수원에 나가 가지도 치고 잎도 따주고 중심 잡기도 힘에 부치던 세 발 달린 수레도 끌어야 하고 너무너무 힘든 일들이 많았습니다.

그 중에서 제일 하기 싫었던 것은 뭐니뭐니해도 거름을 나르는 일이었지요. 가까이 가기만 해도 지독한 냄새가 코를 찌르는 그 거름통을 들고 과수원을 향하고 있노라면 어느새 동네 친구들과 꼬마들이 제 주변을 에워 쌓았고 "똥쟁이 똥쟁이" 라고 놀려댔습니다. 창피함에 걸음을 빨리 하다 발이 뒤엉켜 거름을 온 몸에 뒤집어 쓴 적도 있었으니까요.

그럴 때마다 가장 굵은 나무를 흔들며 화풀이를 했지만 돌아오는 건 호된 어머니와 아버지의 꾸지람밖에는 없었습니다. 언제였던가요. 그날은 자율학습까지 빼먹으며 사과를 장에 팔러 가야했던 적이 있는데 다음날 담임선생님은 저를 교단 앞으로 불러 "너는 학생이지 장사꾼이 아니다" 라며 크게 혼내시며 손바닥을 때리실 때는 정말 부모님이 원망스러워 하루 종일 밥도 굶은 채 눈물로 밤을 샌 적도 있었습니다. 그 사과 판돈으로 꽃무늬 원피스를 사주신다는 어머니의 말씀 한 마디에 풀리기는 했지만요.

서른이 다 된 나이에 돌아보는 과수원에서 보낸 유년 시절의 기억. 잘 포장된 아스팔트처럼 곧고 편한 길은 아니었지만 재재거리는 새소리가 나고 꽃향기가 물씬 풍겨 나오는 오솔길처럼 제 마음을 아주 풍성하게 해준 것 같아 이제서야 비로소 고마움이 느껴집니다.

이제 누군가에 의해 다시 거름이 주어지고 햇살을 받쳐 버팀목이 세워질 테지만 저는 앞으로도 계속 중심을 잡지 못하던 그때의 그 세 발 수레를 끌던 마음으로 인생을 살 겁니다. 지나보면 힘겨움과 아픔 또한 또 다른 즐거움의 추억이 된다는 말 정말 맞는 것 같습니다.

엄마의 보물창고

<u>서울 동대문구 장안 4동 양진순씨의 사연입니다.</u>

어린 시절 마루에는 낡은 찬장 하나가 놓여 있었습니다. 호기심이 많은 동생과 저는 틈틈이 찬장을 열어보곤 했었는데 그 중에서도 맨 꼭대기엔 항상 신기한 물건이 있어 늘 저희들의 표적이 되곤 했지요. 작은 주전자에 동전이 가득 들어 있기도 했고, 또 다른 사기 그릇에는 가지각색의 단추며 옷핀이며 큰오빠를 위해 아껴두었던 오빠의 새 학용품들이 어린 동생과 저의 손길을 피해 보관되어 있었습니다.

그렇게 엄마가 밭일을 나가신 틈을 타 사과 상자로 발받침을 만들고 있는 힘을 다해 손끝을 뻗은 다음 엄마의 공간을 훔쳐내는 일은 어린 저희들에겐 최고의 놀이였답니다. 그러던 어느 날이었어요. 그날도 평소처럼 찬장 맨 꼭대기를 훔쳐보던 우리에게 새로운 물건 하나가 발견되었습니다. 약간의 손때가 묻은 반 이상이 없어진 스킨과 로션이 담긴 화장품 그리고 엄지손톱만큼 남아 있는 진분홍의 립스틱.

동생과 저는 신이 나서 얼굴에 머리에 입술에 그것들을 찍어 발랐죠. 향긋한 냄새가 얼굴에서 묻어나고 작은 입술에 립스틱이 남기고 간 자리는 무척이나 예뻐 보였습니다. 하지만 그 즐거움도 잠시

보자기를 꺼내 몸에 둘러 원피스를 만들어 입고 소꿉놀이에 빠져 있을 때 일을 나가셨던 어머니께서 돌아오신 겁니다. 평소 찬장에 손을 대면 불호령을 내리시던 터라 저희들은 잔뜩 움츠린 표정으로 슬금슬금 뒷걸음을 쳤지요. 하지만 어머니는 "우리 딸들 화장하니 예쁘네" 하고는 그저 웃음만 지으셨습니다. 그 웃음은 왜 그렇게 슬퍼 보였는지 그 일이 있은 후 며칠 후에야 알게 되었어요.

화장기 하나 없는 거칠거칠한 엄마의 피부가 보기 안쓰러웠는지 이웃집 아줌마가 자기가 쓰던 것을 엄마에게 주신 것이고 엄마는 그것마저도 쓰기 아까워 엄마의 보물 창고인 그 찬장 위에 모셔 놓은 것이었습니다. 화장품 하나 마음놓고 사서 쓰지 못할 정도로 어려웠던 가정 형편 그런 어머니 당신 자신은 얼마나 서글펐을까요.

"엄마 이담에 내가 커서 돈 많이 벌면 옆집 아줌마보다 더 많이 사줄게. 알았지?" 하며 손가락까지 걸고 도장을 찍어가며 약속을 했건만 지금의 저는 바쁘다는 이유만으로 제 생활에만 파묻혀 지내고 있었습니다. 밤낮으로 고생하시는 엄마를 보며 어른이 되면 엄마만을 위해 살기로 수없이 다짐을 했건만 옷 한 벌 화장품 하나 사드리지 못한 채 제 치장에만 바빠 엄마는 신경조차 쓰지 못하고 살았지요.

"너만 잘 살면 되어." 어머닌 오늘도 이 한 마디만을 전화선을 통해 보내주시지만 그 말 한 마디가 왜 그렇게 오늘따라 아프게만 들려오는지 아마 어머니와 함께 할 날이 많지 않다는 생각 때문에 그런가 봐요. 어머니가 많이 편찮으시거든요.

딸이 엄마를 가장 많이 빼 닮는다는 말이 있지요? 저 또한 이상하게도 중요한 물건이나 아끼고 싶은 물건이 있으면 싱크대 위 찬장 깊숙한 곳에 모셔두곤 한답니다. 행여 누가 볼세라 행여 누가 가져갔을 세라 두리번두리번거리며 그 찬장 위를 들여다보고 있노라면 그때의 엄마의 모습이 철없고 어리기만 했던 동생과 제 모습이 떠올라 슬그머니 슬픈 미소를 짓게 되지요.

어느 해이던가 이사하던 날 너무 낡아 더 이상 쓰지 못하게 되어버린 엄마의 보물창고, 그 찬장을 고물 장수 아저씨에게 팔아버렸지만 아직도 엄마의 보물 창고는 우리 곁에 남아 있는 것 같습니다. 제 기억 속에, 엄마의 기억 속에. 아마도 우리의 희망이 사라지지 않는 한 엄마의 보물창고는 영원하겠지요.

오늘도 전 제 보물창고를 열어보며 이렇게 주문을 외운답니다.
"어머니 꼭 쾌차하셔서 오래도록 함께 살아요. 어머니."

여름밤에 내리는 비

<u>서울 중랑구 중화동 이좌동씨의 사연입니다.</u>

여름밤에 내리는 비는 왜 이렇게 마음까지 끈적거리게 하는지 모르겠습니다. 산다는 것에 대하여 특별한 의미를 부여하고 싶지는 않았지만 가끔씩 남들과 비교하면서 좌절하게 될 때마다 이렇게 살아야 하나 라는 생각 때문에 삶이 버거울 때가 있지요.

사랑하기에 서로를 그리워하며 많은 날들을 보냈습니다. 주변의 반대 때문에 곱지 않는 시선으로 무시하던 사람들의 눈길은 피할 수 없었지만 저희는 힘겹게 결혼을 했어요. 뭐하나 특별하게 가진 것이 없었기에 작은 단칸방에서 새 삶을 꾸리게 되었고, 6개월쯤 지나 조합아파트를 분양받기 위해 아는 친척집의 골방으로 살림을 옮기게 되었습니다.

그때부터 생활은 더 힘들어지기 시작했어요. 집사람은 그 집의 궂은 일까지 해야 했습니다. 저 또한 평일에는 직장에서, 휴일이면 그 집의 허튼 일을 다 도맡아 해야 했습니다. 그때 저희에게 아이가 태어났고 그 아이는 저희의 단 하나의 소망이 되었습니다. 고된 하루하루의 삶이었지만 아이를 보며 견딜 수 있었어요.

하지만 아이는 아이처럼 자라지 못하고 보이지 않게 친척들에게 많은 구박을 받으며 자랐나봐요. 가끔 가다 아이를 안고 우는 집사람 때문에 속이 상한 적이 한두 번 아니었습니다.
  그러던 어느 날 청천벽력 같은 일이 일어났습니다. 직장에서 도난 사건이 발생했는데 그 책임을 제가 지게 된 것이었어요. 사천만원이라는 변상과 해고, 처음에는 너무나 억울하고 막막해 몇 번이나 죽을 각오를 했지만 그때마다 집사람과 아이의 얼굴이 떠올라 다시 일어서야 했습니다. 이런 날을 보내고 있을 때 아파트 분양 소식은 저희에게 새로운 희망의 빛을 안겨주었지요.
  하지만 우리는 그 행복 역시 오래가지 않아 산산이 부서지고 말았습니다. 함께 살았던 그 친척이 사업상 필요하니 보증을 서달라고 했고 한때 얹혀 살았다는 생각에 저희는 거절도 못한 채 아파트를 담보로 보증을 서주었지만 안 되려고 그랬던지 그분의 사업 실패로 우리의 보금자리는 은행빚으로 고스란히 넘어가고 만 것입니다. 일주일을 이불 속에서 꼼짝도 하지 않은 채 울고 있는 집사람을 보면서 저 또한 얼마나 힘겨웠는지 모릅니다.
  얼마 전부터 겨우 정신을 차리고 일어나 새로운 직장을 다니고 있는데요, 불행의 화살이 저에게만 쏟아지는지 출근 보름만에 교통사고를 당해 잠시 병원에 입원하기도 했어요. 하지만 너무 큰 일을 여러 번 겪어서인지 이젠 이런 고통 따위야 저희에게는 아무 것도 아닌 일이 되어버렸습니다.
  모질게 세상을 산 것도 아니고 남에게 피해도 안 끼치며 성실하게 살아왔는데 그 대가가 이런 것인가 처음에는 세상 원망도 많이 하고 엉켜버린 삶에 좌절도 많이 했지만 이제는 알 것 같습니다. 병상에 누워 곰곰이 생각해보니 이런 일들로 제 인생을 평가하기에는 아직 부족하다는 결론이 나오더라고요.
  신은 이겨낼 수 있을 만큼의 고통만 주신다고 하지요? '그래!!

어디 한번 덤벼봐라. 난 널 이길 수 있어' 라는 굳은 신념으로 오늘도 전 잃어버린 집을 되찾기 위한 노력으로 낮에는 직장에 나가 일하고 밤에는 대리운전을 하며 열심히 살고 있습니다. 이렇게 열심히 일하다보면 언젠가 좋은 날이 오겠지요. 제 인생은 이제 겨우 시작에 불과하니까요.

자신이 무너지고 있다고 느낄 때면

서울시 강동구 길2동 이정주씨의 사연입니다.

저는 결혼한지 6년된 주부입니다.

결혼하기 전 우리가 부모님을 모시면 좋겠다는 남편의 말에 저는 시부모님과 같이 생활하면서 많은 것을 얻을 수 있겠다 라는 생각에 흔쾌히 그러자고 했습니다.

하지만 어른들을 모시고 사는 것은 생각만큼 쉬운 일만은 아니였어요. 물론 얻는 것이 더 많았지만, 철없는 생각에 분가를 해서 살면 지금보다 더 행복할거란 막연한 생각에 점점 갈등이 시작되었죠.

결국 저의 어리석은 생각으로 3년만에 저희는 분가를 할 수 있었고, 벌을 받은 것인지 분가하자마자 채 몇 달이 지나지 않아 남편의 사업이 무너지기 시작했습니다.

전혀 상상하지 못했던 궁핍한 생활이 이어졌고, 분가만 하면 마냥 행복한 자유시간이 기다릴 줄 알았는데 그게 아니였어요. 부모님들의 따듯한 애정을 스트레스라고만 생각했던 저. 그제서야 우리가 부모님을 모시고 산 것이 아니라 부모님의 테두리 안에서 우리가 보호받고 있었구나 라는 생각이 들었습니다.

하루에도 몇 번씩 아무도 없는 이 좁은 방을 탈출하고 싶었는지 몰라요. 당장이라도 시부모님께 달려가고 싶었지만, 그러면 아무 것도 모르시는 부모님에게 걱정만 끼치게 되는 건 아닐까 싶어 그러지도 못하고 혼자서 울고만 지냈지요. 그러다 보니 이 세상에서 나만 힘들고, 나만이 불행하고, 나만 돈이 없고, 나만 고통받고 있다는 생각을 지을 수가 없었습니다.

그러던 어느날 시어머니께서 집으로 찾아오셨어요. 지나는 길에 우리 애기 얼굴보고 싶어서 찾아오셨다며, 하지만 전 알 수 있었습니다. 지나는 길에 잠깐 들르신 게 아니라 라는 것을. 어머니의 양손에는 저희에게 주실 김치며, 밑반찬들이 가득이셨거든요.

가끔 제 자신이 무너지고 있다 라는 생각이 들 때면 전 항상 시장에 나가곤 합니다. 5백 원 때문에 실랑이를 벌이고 있는 주인 아주머니와 손님을 보고 있으면 매일 저녁 어머니와 함께 장을 보며 이런 저런 얘기를 하던 그때가 생각나 힘이 솟곤 하거든요.

여러분들도 저처럼 삶에서 도마이고 싶었던 때가 있으셨는지요? 그때 어떻게 극복하셨는지요? 저는 요, 이제부터라도 다시 제 자신을 일으켜 세울 거예요. 행복은 자신이 삶을 어떻게 꾸려나가느냐에 따라 달라지는 걸 알았으니까요

참. 그리고 버릇부터 고쳐야겠어요. 습관적으로 내쉬던 이 한숨 쉬는 버릇말이예요.

제 3 부

사람이 이렇게 아름다울 수 있을까
꽃보다 귀한 그대

엄마의 신발

<u>경기 안양시 동안구 광양동 이현규씨 사연 속의 그대입니다.</u>

엄마는 우리보다 신발이 많다. 우리는 신발이 별로 없다. 엄마는 신발이 모두 11개이고 나는 모두 4개다. 엄마는 11개인데 별로 안 신으신다. 왜냐하면 너무 작아서다. 그래서 우리가 처녀가 되면 주신다고 하셨다. 나는 기분이 아주 좋았다.

초등학교 2학년의 딸의 일기를 읽는 순간 30년 전의 제 모습이 저절로 그려지며 '그 엄마에 그 딸'이란 말이 떠올랐습니다. 저 역시 어릴 때인 6~7살 무렵 어머니의 구두의 밤색 구두에 조그만 발을 넣고 손바닥만한 마당을 이리저리 돌아다녔던 기억이 있으니까요. 차이가 있다면 지금 제 구두는 11켤레인 반면 그 당시 어머니의 구두는 달랑 한 켤레였다는 것일까요?

맞지도 않는 뾰족구두에 행여 다리라도 다치면 어쩌나 싶어 신지 못하게 했지요. 그랬더니 이내 입이 한 자쯤 나와서는 "엄마는 구두도 많으면서 못 신게 한다." 며 삐치더군요. 그 모습이 어찌나 귀엽고 앙증맞아 보이던지. 그래서 "오늘 하루만 신고 노는 거다." 라는 조건으로 제 구두들을 신발장에서 모두 내려놓아 주었지요.

두 딸들은 흥분이 되어 이 구두 신어보고 몇 걸음, 저 구두 신어보고 또 몇 걸음을 여러 차례 반복하더군요. 그러면서 30년 전 제가 어머니에게 했던 말을 그대로 저에게 했습니다. "엄마 시장 갈 때 이 구두 신지 왜 안 신어요? 왜 하나도 안 이뿐 신발만 신는 거야?"

그 옛날 어머니처럼 살지는 않으리라 다짐했건만 저 역시 어느새 엄마를 그대로 닮아가고 있나봅니다. 어딜 가도 남편의 신발, 아이들의 신발부터 눈에 띄니 말입니다.

저의 어릴 적 추억을 뒤돌아보게 해준 두 딸들에게 고맙다는 말과 함께 너희들이야말로 엄마에게 있어 꽃보다 귀한 그대라고 말하고 싶습니다.

사람이 이렇게 아름다울 수 있을까

부산 북구 만덕 3동 이계수씨 사연 속의 그대입니다.

그날도 어머니께선 여느 해와 다름없이 생선을 찌고 나물을 삶으며 정성스레 제수 음식을 준비하셨습니다. 옆에서 누구 제사이기에 친척 분들도 아무도 안 오시냐고 물을 때마다 어머니는 항상 "너희들은 모르는 그런 제사가 있어." 라고만 답하시곤 다른 말씀이 없으셨습니다.

하지만 올해는 제사를 마치고 나서 저희들을 앉혀놓고 말씀하시더군요. 제가 아주 어렸을 때 그때는 저희가 시골에서 살고 있을 때였다고 합니다. 집이 어딘지도 모르고, 자녀가 있는지 없는지도 모르는 오갈 데 없는 할머니 한 분이 계셨는데 그 분을 집으로 모시고 오셔서 지내시도록 하였다고 합니다. 할머니는 그렇게 저희 집에서 얼마 동안 지내시다가 지켜보는 가족도 없이 쓸쓸히 돌아가셨구요.

밥 한 공기 떠올릴 사람 없이 가신 게 하도 가엾고 안 되셔서 어머님은 그날부터 그 할머니 제사를 손수 지내 주셨다고 합니다. 그 얘길 듣는 순간 저는 '사람이 이렇게 곱고 아름다워 보일 수도 있구나' 라는 생각과 함께 가슴이 뭉클해져옴을 느꼈습니다.

새벽 일찍 일어나서 저희 4남매 도시락을 다 싸놓으시고 식사도 하는 둥 마는 둥 일터로 나가 퇴근길엔 하루 동안 쌓인 그 피곤함을 무릅쓰고 멀리 시장까지 나가셔야 제수 음식을 살 수 있거든요. 싱싱하고 좋은 걸 올려야 한다고 하시면서 단 한 번도 잊지 않고 20년이 넘도록 정성을 아끼지 않으시는 어머니―. 남은 찬밥이 있으면 좀 달라고 구걸하는 걸인한테도 따뜻한 밥 한 공기를 내주며 찬밥 잘못 먹으면 체한다는 말씀까지 잊지 않으셨던 어머니―. 없으면 없는 대로 있으면 있는 대로 조금 더 베풀고 자기 배를 먼저 채우고 나서 남을 돕겠다는 생각을 버려야 한다고 항상 말씀하십니다.

요즘같이 어려울 때 조금만 관심을 갖고 둘러보면 우리의 작은 손길이 꼭 필요한 때가 있고 따뜻한 밥 한 공기가 그 사람한테는 큰 희망일 수 있다는 걸 잊지 말아야 한다는 당부와 함께 말입니다.

이런 어머님이 얼마나 자랑스럽고 감사한 지 모르겠어요. 아낌없이 묵묵히 보여주셨던 사랑과 아름다운 마음씨에 저희 자식들 또한 따뜻한 마음을 가질 수 있는 사람으로 클 수 있었지요. 길을 가다 간간이 힘겨워하는 사람들을 외면하지 않고 연세 많으신 할머니 할아버지를 뵈면 꼭 팔이라도 잡아드릴 수 있는 사랑을 갖게 되었거든요.

"사람일은 언제 어떻게 될 지 모른다. 너희도 언젠가는 누군가의 도움이 필요할 때가 있을 거다. 그때 너희들이 손을 내밀어도 아무도 손을 잡아주지 않는다면 그 얼마나 가슴 아프겠니." 라고 말씀하시는 어머니―. 오늘도 TV를 보시면서 사랑의 전화에 전화를 걸고 계십니다. 사랑은 전염병과 같아서 옆사람에게 금세 전해진다고 하죠? 바로 꽃보다 귀한 그대 어머니가 전염시켜주신 사랑.

며늘애 머리를 만지면서

경기 고양시 덕양구 문윤선씨 사연 속의 그대입니다.

오늘 점심을 물리고 나서 며늘애가 하는 말이, "어머니 흰 머리카락 좀 뽑아주세요…" 하는 겁니다.

세월은 유수와 같다더니… 며늘애가 40줄을 훌쩍 넘었는데도 처음 시집와서 색동저고리 입고 시댁 식구 앞에서 밥수저도 어렵게 들던 수줍고 봉선화처럼 다소곳하던 새색시 때의 모습이 떠올라 전 아직도 며늘애라고 부른답니다.

그때 모습이 엊그제 같은데 글쎄 이제 서로 흰 머리카락을 뽑아줘야 하는 그 오랜 세월을 한 식구로 보냈네요.

며늘애 머리를 뒤적거려가면서 흰머릴 찾다보니 지난 세월이 미안하고 고생만 시킨 것 같아, 가슴이 아련해지고 슬슬 눈물이 고여오네요.

동네 오일장에 다녀오는 날이면 철마다 야리야리한 속바지를 두 벌씩 사와서는 한 벌은 며늘애가 입고 한 벌은 절 주면서 "어머니 저보다 더 젊고 예쁘세요." 라며 함박꽃처럼 웃으며 흐뭇해하곤 했습니다.

시누이들이 선반 위에 올려놓은 며늘애 화장바구니를 내려서, 분이며 연지 등을 몰래 바르다 죄다 엎지르고 엉망을 해놔도 눈살

하나 찌푸리지 않고, 그런 시누이들을 곱게 앉혀 놓고선 예쁘게 분단장을 시켜주던 마음씨 고운 며늘애였지요.

제 팔다리를 주물러 주면서 며늘애가 불러주던 노랠 배워서 전 마을에서 제일 세련된 노래를 부르는 할매로 통하게 되었답니다.

그렇게 곱고 뽀얗고 언제까지나 새색시 같을 것만 같던 며늘애였는데 이제 저와 같이 흰 머리카락을 뽑아야 하네요.

6월 26일이면 며늘애가 한 식구가 된 지 20년이 됩니다. 며늘애가 좋아하는 심수봉씨의 '백만 송이 장미'를 들려주고 싶네요.

꽃동네 수녀

경기 가평군 하면 김태형씨 사연 속의 그대입니다.

저는 가평 꽃동네에 거주하는 사람들을 치료하고 있는 의사입니다.
충북 음성에만 꽃동네가 있는 줄 아는 사람들이 많은데 가평에도 오웅진 신부님이 세우신 꽃동네가 있어요. 이곳은 미혼모가 낳은 아기들, 오갈 데 없는 노인 정신질환자, 정신박약아, 가족에게 버림받은 사람들…이렇게 사회에서 소외 받은 사람들이 거주하는 곳입니다.

제가 펜을 든 것은 이 가족들을 위해 봉사하셨던 수녀님이 이곳을 떠나시기 때문입니다.

자기 손으로 떠먹지 못하는 분들에게 식사를 먹여주고, 의료인이 보기에도 가까이 하기 싫은 사람들에게조차 늘 자기 부모님처럼, 자기 남편처럼, 그리고 자기 자식처럼 정성스럽게 따뜻하게 대해주고, 마지막 순간까지 가족들 옆에서 그렇게 고생하시면서 얼굴에는 늘 인자한 미소가 떠나지 않던 수녀님이셨습니다.

제가 환자 한 명을 더 봐주면 그게 그렇게 고마워서 저에게 감사하다는 인사를 하시고 돌아서는 뒷모습을 보면서 의료인의 한 사람으로써 한없는 부끄러움을 느꼈습니다.

꽃동네 가족들이 병원에 입원했을 때 한 명이라도 더 살리려고 환자에게 한없는 애정을 갖고 치료해주는 간호사들, 사회에서 버림받은 가족들에게 평생을 다 바쳐 봉사하시는 수녀님들. 이 분들을 보면 존경하는 마음이 절로 생겨납니다. 이제 떠나시는 공도마 수녀님과 시몬 수녀님, 꽃보다 귀한 그대에게·마음으로부터의 감사를 드립니다.

웃으며 흘리는 눈물

<u>경기 성남시 수정구 신흥 1동 조정현씨 사연 속의 그대입니다.</u>

97년 학교를 졸업하고 그 해 12월에 공무원시험에 합격해서 올 5월 1일 첫 발령을 받았습니다. 이제는 나도 내 능력을 발휘할 수 있구나 하는 스스로를 향한 대견함 때문에 며칠 밤을 잠을 이루지 못했죠. 저는 지체 장애인이거든요.

하지만 저를 기다리고 있던 직장은 그리 호락호락한 곳이 아니었어요. 3교대 근무이고 넓은 장소에서 계속 움직여야 하는 곳인지라 장애인인 저로서는 힘에 부쳤어요. 밖에서 기계들을 설치하고 옮겨야 하는 작업들. 결국 저는 2주만에 눈물의 사직서를 제출해야만 했습니다.

사직서를 내던 날 출판사에서 근무하는 제 여자친구를 만났는데 그녀는 눈가에 눈물을 글썽이며 일부러 밝은 웃음을 지으면서 말했어요. 다시 시작하면 되는데 무슨 걱정이냐며 위로하더군요. 전 그때 처음 알았습니다.

웃으며 흘리는 눈물이 더 슬프다는 것을….

전 그녀를 아기 천사라 부릅니다. 작년 자신의 시집을 냈었는데 그 수익금 전액을 불우한 이웃에게 기증하더군요. 단지 시가 좋아서 시를 썼을 뿐 돈 때문에 시를 쓴 것이 아니라고 하면서요.

나의 영원한 아기 천사 김지순―. 그녀와의 영원을 꿈꾸면서 그녀에게 말해주고 싶습니다.
"지순아! 사랑해."

정이의 마음

<u>부산 해운대구 송정동 이갑수씨 사연 속의 그대입니다.</u>

저는 해운대 소방서에 근무하고 있습니다. 얼마 전 구급 현장에서 환자의 부주의로 인해 제 손톱이 빠지는 사고가 발생했습니다.

제 반려자가 될 정이가 걱정할 것 같아 알리지 않았는데, 어찌하다 그 소식이 전해졌나 봅니다. 얼마나 속상했을까요?

크리스마스 때도 다른 연인들은 서로의 추억을 만들기에 한창이었을 텐데 제 직업이 특수직이다 보니 만나지도 못했습니다. 말로는 괜찮다고 하였지만, 정이의 마음이 되어서 생각해 보니 정말 미안하기만 했습니다.

크리스마스 이브—, 구급을 갔다와서 서류를 정리하고 있는데 사무실에서 저를 찾는다는 방송이 나왔습니다. 이게 누구입니까, 사무실에 그녀가 나타난 것입니다. 함양에서 부산까지 차를 타고 오느라 피로에 지친 그녀를 보니 애석한 마음이 들었습니다.

그녀가 제 앞에 내놓은 선물은 또 한번 저를 눈물나게 했습니다. 야광의 학 천 마리와 손수 짠 목도리. 정말 눈물이 핑 돌았습니다.

이런 그녀가 있기에 저는 오늘도 해운대 소방서에서 씩씩하게 일을 할 수가 있답니다.

공원 벤치에서 헤어진 당신

인천 계양구 임학동 서은미씨 사연 속의 그대입니다.

하얀 벚꽃이 내게는 아직도 눈송이처럼 차갑게 다가오는 이유는 무엇일까요?

오늘도 전 세 살배기 아이의 손을 잡고 공원 한 구석에 자리잡고 있는 벚나무 아래 작은 벤치를 벗삼아 작년 이맘때쯤 바로 이 자리에서 헤어진 그 사람을 기다리고 있습니다.

97년 6월쯤 남편의 회사도 부도를 맞게 되었고 아직 젊으니까 이 고비만 잘 넘기자는 남편의 말에 힘들어도 서로가 서로에게 힘이 되어 잘 참고 살아왔지요. 하지만 작년 3월쯤 부도로 인한 부채와 세금들이 더 이상 우리 가족들을 함께 있도록 내버려두지 않았어요.

그러면 안 되는 줄 알면서도 '빚쟁이들을 피해 잠시 떨어져 생활하자'라는 남편의 말에 이렇게 헤어져 지낸 지 벌써 1년이란 시간이 흘렀습니다. 아이들은 아빠가 미국에 간 줄로 알고 있구요. 남편이 너무나 보고 싶을 땐 엉엉 울다 지쳐 잠이 들곤 했는데, 지난 2월 24일이었어요. 큰아이를 학교에 보내고 아침에 일을 나가려고 하는데 누군가에게서 꽃다발이 왔어요.

"당신의 생일을 진심으로 축하하며 당신의 백 번째 생일까지도 내가 책임질 테니 기다리시오."

전 하루 종일 울었습니다. 보낸 곳도 보낸 사람도 없었지만 남편이 보냈다는 것을 단번에 알 수 있었어요. 얼마나 가슴 아팠던지요. 그래도 지금은 조금 사정이 나아져 친구 회사의 일을 도와주고 있는 남편의 얼굴을 주말이면 가끔씩 볼 수 있답니다.

지난 생일도 혼자서 보냈을 남편을 생각하면 무척이나 마음이 아프지만, 이젠 더 이상 아파하지 않으려고 합니다. 제가 약해지면 남편도 작아질 거란 생각이 들기 때문이죠.

남편에게 전하고 싶어요. 아무리 세상이 우리를 외면한다 해도 당신이 있는 한 어떤 어려움도 이겨낼 수 있다구요. 제가 당신 믿고 있는 거 아시죠?

어머니의 모습

전북 전주시 덕진구 송천동 2가 양현숙씨 사연 속의 그대입니다.

벌써 몇 해 동안 할머님 목욕 수발을 하시고 대소변을 받아내고 계시는 그대―. 여행 한 번 제대로 가지 못한 채 늘 집안에서만 계시는 그대의 모습을 볼 때마다 '정말 위대하다' 라는 감탄의 말만 나올 뿐 그 어떤 단어로도 표현할 수 없습니다.

남은 평생 걷지 못하는 할머님이 가엾으시다며 밤낮으로 간호하면서도 투정 한번 안 하시는 어머님을 볼 때마다 그 크신 사랑에 감복하곤 합니다. 더구나 아버지의 성격이 워낙 무뚝뚝하신 편이라 "고생이 많지." 라는 단 한 마디의 말조차 들어보신 적이 없는데 말이에요.

그래도 엄마들에게는 큰딸이 가장 위로가 되나봐요. 어머님은 요즘 가끔 저에게 전화하셔서 "훌쩍 떠났으면 좋겠다. 나랑 같이 여행 안 갈래?" 라는 말씀을 건네곤 하십니다. 못 가게 될 것을, 제가 가자고 해도 할머니가 걱정스러워 아무 데도 안 나가실 거면서 말입니다.

어머니―. 말로는 표현할 수 없는 그 향기로운 냄새를, 그 깨끗함을 전해주시는 어머니―. 당신이야말로 저에게 있어 꽃보다 귀한 그대입니다.

하늘을 보라 하시던 선생님

충북 청주시 이미숙씨 사연 속의 그대입니다.

 봄이 오면 언제나 봄 같이 따뜻한 마음을 지니셨던 한 선생님이 생각납니다. 생머리에 구두도 빨강, 가방도 빨강, 옷도 운동화도 모두 빨강… 빨간색을 무척이나 좋아하셨던 우리들의 선생님, 그분은 임애용 선생님이십니다.
 힘들게 일하면서 공부하는 저희들을 꾸중하시기보다는 다정한 언니처럼 때로는 엄마처럼 다독거려주시던 선생님이셨습니다. 수업 시간에 졸고 있는 아이를 보시면 "거기 졸순이, 가서 세수하고 오너라" 이렇게 재치 있게 다정하게 인도해주시던 선생님이셨습니다.
 편지나 카드를 보내면 일일이 답장을 꼭 해주시고 늘 맨앞 장에 빼곡이 글을 쓴 책을 선물해주시던 선생님―, 가정의 소중함을 언제나 소리 높여 강조하시고 꿈과 소망을 품어야 한다고 그리고 그 꿈을 향해 부단히 노력해야 한다고 하셨던 선생님―, 저희들에게 용기와 희망을 품게 하셨던 선생님―, 봄이 오면 그 선생님이 생각납니다.
 산업체학교에 진학하게 된 것을 창피해하고 부끄럽게 여기는, 아니 자격지심에 늘 고개 숙이고 땅만 쳐다보며 모든 것을 부정적인 시각으로 보던 사춘기 시절의 저희들에게 임애용 선생님은 당당함과 자신감을 가지라고 강조하셨습니다.

　하늘을 많이 보라, 아침에도 한 번, 점심때도 한 번, 힘들어 지칠 때는 더 많이 올려다 보라, 그러다 보면 하늘과 닮을 거라고 선생님께선 말씀하셨어요.

　선생님은 매일 만나는 달인데도 언제나 "어머나 저 달좀 봐!" 하시며 감탄하시곤 하셨지요.

　하늘을, 별을, 달을, 그리고 나무를 너무나 좋아하셨던 선생님 ㅡ. 얼굴에는 항상 웃음이 가득했고, 까만 눈동자가 유난히도 빛나시던 선생님이 너무나 그립습니다.

　만약 선생님께 꽃다발이 전해진다면 선생님은 또 그러실 거예요. "어머머 이 꽃좀 봐 너무 이쁘지 않아?"

　선생님, 당신께서 더 아름다운지 모르시고 말이에요.

꽃보다 귀한 딸인데

<u>서울 은평구 역촌동 양현숙씨 사연 속의 그대입니다.</u>

저는 아무래도 사춘기 소녀의 다정한 엄마는 못되는가 봐요.

고등학교 2학년 딸 희진이를 매일 이해해야지 하면서도 감정을 누르지 못해 똑같이 싸우고 살거든요.

싸우고는 또 후회하고, 또 싸우고… 나이 40이 넘었는데도 딸과 같이 싸우니 제가 참 한심하게 생각되네요.

어제도 학교에서 무슨 일이 있었는지, 오자마자 신경질에다 말도 안하고 뚱하고 있기에 '참아주자, 이해하자' 했는데, 결국은 또 서로에게 상처를 주는 말로 티격태격하고 말았어요. 마음만은 신세대라고 주장도 하고 이해한다고 하면서 말이죠.

곰곰 생각해보니 딸에게 정말 너무 미안한 마음이에요. 누구보다 딸을 아끼고 사랑하는데…. 지금도 학교에서 힘들게 공부하고 있을 텐데…. 이런 저런 생각에 마음이 아픕니다. 이 엄마의 아픈 마음을 희진이도 알까요? 다투고 끝 부분에 꼭 둘 다 눈물 범벅이 되어 끝이 난답니다. 저는 엄마인데도 왜 그렇게 어른스럽지 못하고, 이해하지 못해서 사랑스런 딸에게 상처를 주는지….

오늘 학교에서 희진이가 돌아오면 희진이는 엄마에게 정말 꽃보다 귀하고 귀한 딸이라고 전해주고 싶어요. 그리고 희진이가 좋아하는 엄정화씨 노래도 함께 말이죠.

선술집에서 나눈 약속

부산 강서구 대저동 박철민씨 사연 속의 그대입니다.

"철민아, 나중에 만약 둘 중 한 명이 어려움에 처하게 되면, 조금 나은 사람이 매월 쌀 한 가마니와 배추 다섯 포기씩 사주기로 하자. 알았제?"

왜 하필 쌀 한 가마니와 배추 다섯 포기냐고 퉁을 주는 제게 용석이는 어서 약속하라고 재촉했었지요.

스물 네 살 되던 해, 어느 초라한 선술집에서 감자탕 한 그릇과 소주 몇 병을 놓고 친구 용석이와의 우정은 그렇게 깊어만 갔습니다. 그 당시 그 친구는 총각이었고, 저는 일찍 장가를 들어 이미 갓난아이까지 둔 한 가정의 가장이었지요.

시간은 흘러 그 친구도 선녀 같은 지금의 아내를 맞아 결혼을 하게 되었으나 한 달에 두어 번씩 주기적으로 만나 서로의 우정을 나누곤 했습니다.

그러던 어느 날 전 식당에서 쓸 재료를 사기 위해 새벽시장에 나가던 중 깜빡 졸음운전으로 큰 교통사고를 내게 되었습니다. 그 일로 식당과 전세 살던 아파트 보증금마저 다 날리게 되었고 저희 가족들은 10평 남짓한 지하 월세 방으로 이사를 하게 되었지요. 한 순간의 실수로 저는 가족 모두에게 큰 아픔을 남겨주게 되었습니다.

그 일이 있은 얼마 후 가족 모두와 그 친구의 집에 놀러 가게 되었는데 안타까운 눈으로 저를 지켜보던 친구는 진심 어린 위로와 격려를 해주었고 그저 말없이 웃을 수밖에 없었던 제 가슴은 찢어지는 듯 아팠습니다.

밤이 되어 집으로 돌아갈 채비를 하고 있는데 그 친구가 저를 막무가내 잡아끌고는 어디론가 가더군요. 얼떨결에 따라 가보니 그곳은 다름 아닌 쌀집이었습니다. 이미 쌀집에는 배달된 배추 20포기가 있었구요. 그 옛날 초라한 선술집에서 장난처럼 약속한 일을 기억하고 그리 풍족하지 않은 살림인데도 저에게 우정을 베푼 친구의 모습. 정말 감동의 눈물을 아니 흘릴 수 없었지요.

그 뿐 아닙니다. 혹시 제가 알게 되면 자존심이 상할까 싶었던지 아이들에게는 비밀로 하게 하고 아이들에게 그 동안 꼬박꼬박 용돈을 주어왔습니다. 그 친구는 빚 때문에 고생하는 저에게 사정이 허락하면 천천히 갚으라며 돈을 빌려주었는데 그 돈이 글쎄 뒤늦게 알고 보니 결혼 패물을 팔아서 마련한 돈이었습니다. 가슴이 아팠으나 전 기뻤습니다.

이런 친구가 제 옆에 있다는 것만으로도 저는 충분히 행복한 사람이겠지요? 꽃보다 귀한 그대, 그 친구 이름을 크게 한번 불러주세요.

햅쌀 반 포대

<u>서울 강북구 미아 9동 문나현씨 사연 속의 그대입니다.</u>

남편의 월급봉투를 받아본 지 벌써 네 달 정도 지났습니다. 요즘 저희 부부는 하루하루를 힘들게 살아가고 있습니다.

결혼한 지 1년 5개월만에 찾아온 힘든 현실―. 보름 전의 일이었어요. 차비만 달랑 갖고 남편 친구 집에 놀러갔다가 돌아오는 길에 신랑 주머니만 믿고 핫도그를 사먹어버린 철없는 저 때문에 신랑과 저는 1시간이나 되는 거리를 걸어 집으로 돌아와야 했습니다. 유독 그날은 바람도 많이 불고 어찌나 추웠던지…. 울컥 솟아오르는 눈물을 애써 참으며 행여 남편이 속상해 할까봐 '오랜만에 걸으니까 참 좋다' 애써 웃음을 지어 보였지만 집으로 돌아와서 참 많이 울었습니다.

며칠 전에는 쌀이 떨어져 밥을 굶기도 했습니다. 먹기 싫어서 안 먹는 것과 쌀이 없어서 못 먹는 것의 차이는 엄청난 것이었고, 그날 따라 한끼 굶은 배가 유난히 꼬르륵거리는 것 같았습니다.

이런 적도 있었어요. 밥은 있는데 반찬이 없어 맨밥에 간장을 비벼 먹은… 그렇게 흔하던 김치 한 조각이 어찌나 아쉬웠던지. 그래도 우리 부부는 서로가 맛없는 밥을 먹으면서도 맛있는 척 한 수저 두 수저 크게 떠먹으며 즐겁지도 않은 웃음을 지어 보였답니다.

이런 어려움 속에서 너무도 고마운 분이 계십니다. 바로 저의 손위 형님이신데요. 지난 4월 10일은 남편 생일이었어요. 상황이 어려운 때라 그냥 넘어가려고 했는데 막내 형님이 한 상 가득 차릴 만큼의 장을 봐오신 거예요. 그리고는 햅쌀이라며 쌀 반 포대까지 꺼내주셨지요. 행여 제 자존심이라도 상할까봐 "이거 시골에서 올라온 쌀인데 햅쌀은 오래 되면 맛이 없잖아." 하는 괜한 말까지 건네면서 말입니다.

이번 일 뿐 아니라 제가 명절이나 휴가 때 친정에 갈 때면 공돈이 생겼다며 제 손에 몇 만원씩 꼭 쥐어주시고 항상 먹을거리를 챙겨주시는 고마운 형님이랍니다. 제가 '고맙다고, 이 은혜를 어떻게 갚냐고' 말을 하면 시부모님한테 잘 하는 길이 바로 은혜를 갚는 길이라고 말씀하시는 형님—.

경제적으로는 너무 힘이 드는 상황이지만 이런 형님이 제게 있어 얼마나 행복한지 모릅니다. 그래서 오늘 꽃보다 귀한 그대에게 저희 형님을 초대합니다.

노오란 후리지아꽃처럼

<u>서울 노원구 상계 3동 황윤숙씨 사연 속의 그대입니다.</u>

저는 올해 서른 살의 주부입니다.

제 신랑을 꽃보다 귀한 그대에 초대하고 싶어 이렇게 사연을 보냅니다. 재작년 봄 뒤늦게 들어간 대학에서 우리 자기를 만나게 되었는데요. 오랜 직장생활에 지쳐 무슨 일에서든 활력소가 필요했던 저는 때를 놓쳐 가지 못한 캠퍼스의 문들 두드렸습니다.

거기에 우리 자기가 있었지요. 저와 같은 신입생의 모습으로 말이에요. 신선한 마스크며 반듯하고 똑 부러지는 말투…. 어쩜 제가 그토록 그리던 꿈속의 왕자님 같은 모습이었는지요.

전 한눈에 그 남자에게 온 마음을 빼앗기고 말았습니다. 하지만 저보다 젊고 예쁜 여학생들의 시선이 대부분 그쪽으로 쏠릴 때마다 전 한쪽 구석에서 벙어리 냉가슴 앓듯 그저 바라만 보고 있었습니다. 저는 그 남자보다 두 살이나 많은 연상이었기 때문에 더 그랬을 것 같아요.

"그래 사랑이라는 것 때문에 상처받지 말고 그저 공부만 하자." 하지만 어디 사랑이라는 게 마음처럼 되던가요? 그러던 중 하늘이 도왔던지 저희 두 사람은 스터디 모임에서 같은 조가 되었고 그리하여 자연스럽게 가까워졌습니다. 매일 도서관에서 만나 틈틈이 커피도 마시고 밥도 같이 먹고 늦은 시간이라 위험하다는 이유로 집에도 같이 가구요.

그러던 어느 날이었습니다. 그날도 콧노래를 부르며 도서관에 들어갔지요. '저 왔어요' 눈 신호를 보내는 순간 제 눈에 들어오는 노오란 후리지아! 그 자리에 저를 앉히며 우리 자기는 쑥스러워 몇 번씩 망설이며 이런 말을 하더라구요. "노오란 후리지아를 보니까 윤숙씨랑 잘 어울릴 것 같아서요." 그 모습이 어찌나 귀여웠던 지요.

그렇게 저희 두 사람은 학우들의 눈을 피해 1년 가까이 교제를 했고 마침내 작년 4월 4일에는 웨딩마치를 올리게 되었답니다. 어때요? 정말 영화 같은 사랑 이야기 아닌가요?

제 남편에게 전해 주세요. 앞으로도 우리들의 사랑이, 재작년 봄 제게 건네준 노오란 후리지아꽃처럼 늘 시들지 않게 그리고 언제나 화사하게 채색해 가자구요. 꽃보다 귀한 그대 바로 우리 자기 정용군씨입니다.

초록이의 세상

서울 영등포구 여의도동 정은분씨 사연 속의 그대입니다.

　유치원에 다닌지 이제 한달, 자기 딴에는 그것 또한 무척 고단한 일인지 초저녁부터 잠들어 있는 딸아이의 얼굴을 들여다보고 있자니 주책맞은 눈물부터 앞을 가립니다. 부모의 마음이 다 이런 걸까요? 맞벌이 때문에 갓 두 달이 되었을 무렵부터 5살이 될 때까지 친정 부모님께 아이를 맡기고 한 달에 겨우 두세 번 정도 찾아가 보는 것이 전부였습니다. 이젠 유치원에 갈 수 있는 나이가 되어 곁으로 데려와 함께 생활한 지 한달 정도 되었구요. 그래서인지 딸아이를 보면 기쁨인지 안스러움인지 자꾸 눈물이 나옵니다.

　전에는 몰랐는데요. 아이들의 세상이란 하루가 다르게 변하는 것 같아요. 며칠전 비가 오려는지 하늘에 짙은 어둠이 깔려 있는 날이 있었는데요. 갑자기 딸아이가 저에게 와 "엄마, 왜 날이 이렇게 꾸물꾸물해?" 라고 묻더군요. 겨우 다섯 살밖에 안된 애가 어떻게 꾸물꾸물이란 단어를 알까 싶어. "너, 꾸물꾸물이란 단어가 무슨 뜻인지 아니?" 라고 물었더니 "슬픈 거잖아. 괜히 눈물 나오는거. 우리 선생님이 그러는데 꾸물꾸물한 날씨는 슬프게 한 대." 아마 날씨 때문에 우울해 하고 있는 선생님께 그 이유를 물었는데 "날이 꾸물꾸물하잖아." 라고 대답했나 봅니다.

한편으로 황당하기도 하고 한편으론 재미 있기도 하고...... 또 얼마 전에는 미술시간에 사람 그림을 그려서 가져왔는데 머리도 빨강. 몸도 빨강. 팔도 빨강. 온 몸이 다 빨강이길래 물어봤더니 화가 난 사람이라고 말하더군요.

아이들이 바라보는 세상, 우리 어른들은 상상도 못할 세상이구나 라는 생각과 함께 매일 매일 새로운 것과 말을 배우는 아이에게 아름다운 것, 깨끗한 것, 착한 것만 보여줘야겠다 라는 다짐을 해봅니다. 꽃보다 귀한 그대. 귀염둥이 초록이를 초대합니다.

따끈한 두부를 보면

서울 마포구 상수동 정주현씨 사연 속의 그대입니다.

딸랑딸랑~~~ 네 시가 되면 어김없이 두부장사 아저씨의 종소리가 들려옵니다. 저희 동네는 아직 개발이 더딘 곳이라 그런지 이제는 추억의 소리라고 하는 두부장사의 종소리가 들려오는 그런 동네지요.

고등학교 자취 시절. 도시락을 손수 준비해야 했던 저는 반찬은 커녕 밥도 제대로 해먹을 줄 모르는 풋내기였어요. 고향에서 간혹 올려 보내주시는 밑반찬 또는 금새 바닥이 나 냉장고는 항상 텅 비어 있었고, 그것이 못내 맘에 걸려 보리물 한통이라도 꼭 넣어 놓곤 했었지요. 그러다 〈김영숙〉이란 마음 착한 친구를 알게 되었습니다. 자취방과 가까운 곳에 살고 있어 등하교는 물론, 항상 함께 시간을 보내게 되었고, 제 사정을 알게 된 친구의 어머님께서는 샌드위치며 구운 옥수수, 찐 감자와 오징어 등을 그 친구를 통해 제게 보내주시곤 했습니다.

한 번은 심한 감기를 앓고 결석을 한 채 꼬박 하루를 누워 있어야 한 적이 있는데요. 물 한 모금도 마시기 힘들어 그냥 앓고만 있는 제게 어머니는 직접 찾아오셔서는 손수 밥도 지어주시고 약도 지어와 먹여 주셨습니다. 대파를 숭숭 썰어 넣으시고 콩나물과 두

부를 넣어 얼큰하게 끓여주신 그 김치찌개의 맛은 아직도 잊을 수가 없어요.

　10여년이 지난 지금에도 친정 어머니처럼 돌봐주시는 친구와 친구의 어머니. 김이 모락모락 오르는 따끈한 두부를 보면 항상 그분의 사랑이 느껴지곤 한답니다.. 항상 넉넉한 마음으로 외롭고 지친 이들의 가슴에 등을 밝혀주시는 영숙이 어머니를 꽃보다 귀한 그대에 초대합니다.

찰 옥수수 속의 눈물

광주 서구 상무 2동 임경순씨 사연 속의 그대입니다.

어제 저녁 아버지는 김이 모락모락 나는 옥수수 한 봉지를 사오셨습니다. 이빨 사이 사이에 착착 드러 붙는 찰 옥수수를 이리 저리 돌려가며 먹고 있으려니 그 옛날, 15년 전 무더웠던 여름이 생각납니다.

15년전 어머니께서는 동네 시장 어귀에서 옥수수 장사를 시작하셨습니다. 그냥 가만히 앉아 있기만 해도 땀이 솟는 7월의 무더위. 그 뙤약볕에서 등에는 세 살난 막내동생을 업고, 앞에는 뜨거운 불덩이를 두고 흐르는 땀을 연신 훔치며 그렇게 장사를 하셨지요. 하지만 여태껏 큰 소리 한 번 지른 적 없었고 그저 살림밖에 모르고 사셨던 분이라 사람들 앞에서 장사하는 일이 그리 쉽지만은 않으셨나 봅니다. 아주 작은 목소리로 "옥수수 있어요. 옥수수 맛 좀 봐요." 라고 몇 번인가 외치다가는 이내 그 소리마저 사그라들어 그저 옥수수 더미만 쳐다보고 계셨대요. 그런 어머니의 모습이 안스러웠던지 옆에서 채소 파시던 아주머니께서는 "아휴. 애기 엄마. 그렇게 해서 언제 다 팔아. 크게 소리쳐야지. 나처럼 한 번 따라해봐." "맛있는 찰 옥수수 있어요. 옥수수!!!" 라며 큰 소리로 거들어주셨다고 합니다..

하지만 그렇게 팔아도 가지고 간 옥수수의 반도 채 팔지 못하고 고스란히 집으로 가져 오셔야만 했고, 저희 형제들은 그 해 여름 매일같이 옥수수로 배를 채우며 지내야 했습니다.
   그러던 어느 날엔가 집으로 돌아오신 어머니께서 광주리를 내려놓자마자 울음을 터뜨리시는 거예요. 어린 동생들은 영문도 모른채 덩달아 울기 시작했고, 그 이유가 빚쟁이들에게 설움받을 때 곡 이겨내리라 마음 먹었었는데 오늘이 그날이라 기뻐서 그런 거다 라는 것을 들으신 아버지의 눈가에도 눈물이 맺혔습니다.
   그 여름. 어머니의 등에 업혀 칭얼대던 세 살박이 코흘리개가 이제는 어엿한 청년이 되었고, 옥수수 장사를 하는 엄마를 유난히도 창피해했던 철부지 사춘기 소녀는 반듯한 한 가정의 안주인이 되었습니다. 그리고 어린 자식들을 데리고 살길이 막막했던 그 여름의 젊은 엄마는 이젠 돋보기 없이는 책 한 장도 넘길 수 없는 노안의 중년 부인이 되었구요.
   당신이 그렇게도 좋아하는 생선회 한 번 마음껏 드셔보시지 못한 저희 어머니. 유난히 책 읽기를 좋아하셔서 지금도 시린 눈을 비벼가며 돋보기를 끼고 계신 어머니. 그런 어머니의 거칠어진 두 손과 주름진 이마와 눈가에 가득한 잔주름. 그리고 그 여름의 어머니의 눈물을 사랑합니다. 엄마.
   오래오래 건강하세요.

초록색 장화

전북 정읍시 고부면 김성숙 사연 속의 그대입니다.

꼬마를 본 것은 지난 3월. 긴 겨울이 끝나가고 있을 무렵입니다. 정류장에서 버스를 기다리고 있는데 초등학교 아이들이 학교가 끝났는지 한 무리가 재잘거리며 정류장으로 몰려 들었습니다. 그러다 유난히 제 시선을 끌던 아이를 발견했어요. 비도 오지 않는 날인데 그 꼬마는 무릎까지 올라오는 초록색 장화를 신고 있었습니다.

얼굴이며 옷차림이 말끔치 못한 것을 보아 분명 그애는 할머니 할아버지랑 함께 살고 있는 아이일 거란 생각이 들었어요.

"누구랑 사니?" 방긋 웃는 얼굴로 물어보았지요. 꼬마는 말을 못한 채 그냥 땅만 보며 고개를 숙이고 있었고, 저는 그런 아이에게 안스러운 마음이 들어 머리를 쓰다듬어 주며 "참 이쁘게 생겼구나 장화도 이쁜 거 신었네" 라며 칭찬을 해주었습니다. 그리고 전 다시 버스가 오는 쪽을 바라보고 있었는데 갑자기 아이가 안 보였습니다.

두리번거리며 찾아 보았지만 아이는 안 보였고, 갔구나 라는 생각을 하고 있는데 갑자기 자판기 뒤에서 "와!" 라는 소리와 함께 아이가 얼굴을 쑥 내밀었습니다.

제 딴에는 말을 붙여주며 칭찬을 해주는 제가 친근하게 느껴졌나봐요. 깜짝 놀라는 척을 해주니 아이는 계속 장난을 치더군요. 아이랑 웃고 떠들며 버스를 기다리는 시간이 즐거웠습니다.

　그렇게 시작된 아이와의 인연. 그날 이후에도 정류장에서 그 아이를 만나게 되면 항상 그렇게 장난을 치곤 했습니다. 하지만 그리 오래지 않아 그 만남은 끝이 났습니다. 아마 아이가 이사를 간 것 같습니다. 봄이 오고 여름이 가고 가을이 왔지만, 전 지금도 그 버스정류장에 서면 그 아이를 만나지 않을까 라는 기대로 습관처럼 주위를 두리번거립니다.

　〈꽃보다 귀한 그대〉 눈이 참 이뻐던 그 아이를 초대하고 싶습니다. 행복하길 바라면서.....

부치지 못한 편지

<u>부산 기장군 기장읍 방현미씨 사연 속의 그대입니다.</u>

   제 나이 올해로 서른살. 23살에 결혼을 해서 26살에 혼자가 되었습니다. 얼마 전까지 7곱살 난 딸아이와 시댁에서 지내다가 저만 혼자 친정으로 오게 되었지요. 다시 처음부터 시작해 꼭 잘된 다음 딸을 데리고 오리라 마음 먹었는데, 막상 딸아이와 떨어져 지내다보니 이대로 헤어질 것만 같아 가슴이 아픕니다.
   마음 같아선 지금 당장이라도 달려가 품에 안고 싶지만, 그것 또한 뜻대로 되지 않아 이렇게 도움을 청합니다. 제 딸 가영이에게 쓴 편지. 차마 부치지 못한 편지를 꼭 전해주세요.

   가영아~~
   엄마가 너무 밉지? 한참 투정 부릴 나인데, 엄마가 정말 미안하구나. 너를 두고 집을 나오던 날, 엄마 간다고, 이제부터 할머니 말씀 잘 들어야 한다고 말했을 때도 가영이 넌 눈물 한방울 보이지 않으며, "엄마! 걱정하지 말아요. 난 안 울테니 엄마나 울지마"라고 말했었잖아. 우리 가영이도 이젠 많이 컸구나 라는 생각에 엄마는 가영이 니가 참 기특했단다. 근데, 가영아, 엄마 작은 엄마한테 얘기 들어서 알고 있어. 그 날밤 혼자 방에 들어가 엄마 사진 보며 많이 울었다는 거. 그냥 슬프면 울어버리지. 엄마 가지 말라고 붙잡아 보기라도 하지. 왜 혼자 참고 있었니.
 가영아. 엄마, 얼마 전에 니가 너무너무 보고 싶어서 유치원 앞으로 찾아간 적 있었다. 근데 가영이 너 잘 입지도 않는 원피스를 입고 있더구나. 엄마가 있었으면 아마 안 입으려고 떼를 썼을 텐데. 넌 치마 입는 거 안 좋아했잖아.
 작은 엄마는 그 원피스가 이뻐서 입혀 주셨을 테지만, 니가 싫으면 싫다고 말을 했어야지. 왜 바보같이 그 말도 못하고 싫은 옷을 입고 있었니? 니가 그러면 엄마는 얼마나 가슴이 아픈데 그냥 싫으면 싫다고 하고 큰소리로 울고 싶을 땐 큰소리로 울어.

고등학교 수위아저씨

경기 남양주시 진건면 용정리 진분옥씨 사연 속의 그대입니다.

매년 이맘 때가 되면 꼭 생각나는 분이 계십니다. 고3 시절. 힘들었지만 항상 저를 따뜻하게 지켜주셨던 분이 계셨기에 지금의 제가 있을 수 있는 건데요. 바로 저희 고등학교 수위아저씨예요.

아침 일찍 학교를 가다보니 도시락을 못 싸갈 때가 더 많았고, 그럴 때면 항상 아버지가 출근길에 도시락을 수위실에 맡겨놓으시곤 했습니다. 도시락을 찾으러 갈 때마다 아저씨는 "잘 지내니? 고 3생활 이제 얼마 남지 않았구나. 밥 식을라. 어서 가서 먹어" 라는 말을 잊지 않으셨지요.

그런 수위아저씨를 볼 때마다 기분이 좋아져 공부가 더 잘되는 것 같았습니다.

그날도 여느 날과 마찬가지로 수위실에서 도시락을 찾아와 점심을 먹으려고 하는데 도시락 가방 안에 못 보던 글씨체의 편지가 들어있는 겁니다.

"안에 사과도 들어있더구나. 니가 왜 그렇게 이쁜가 했더니 매일 과일까지 챙겨주는 부모님이 있어서 그런 거였구나. 항상 밝은 모습 잃지 말고 열심히 하거라. 파이팅. 아저씨가....."

순간 눈물이 핑 돌아 밥을 넘기지 못하고 울어버렸어요. 늘 혼자라는 생각에 외롭고 힘들기만 했었는데, 전 혼자가 아니였습니다. 그저 인사밖에 한 게 없는데 그분은 항상 말없이 저를 옆에서 지켜봐 주셨고 저를 응원하고 계셨던 겁니다. 먼저 손을 내밀어 배려할 줄 아시는 그분이 계셨기에 오늘날 저 또한 고개를 돌려 주위를 돌아볼 줄 알게 되었습니다.

〈꽃보다 귀한 그대〉

더 늦기 전에 우리 수위아저씨께 감사의 마음을 전하고 싶습니다. "아저씨! 아저씨는 저희 학교뿐 아니라 저희 학생들의 마음가지도 지켜 주셨던 분입니다. 아저씨! 감사합니다."

소희엄마

<u>경기 남양주시 와부읍 덕소리 정금교씨 사연 속의 그대입니다.</u>

이웃에 살던 소희엄마가 또 포도 한 박스를 부쳐왔습니다. 얼굴도 모르는 소희엄마의 아버님의 노고가 그대로 느껴지는 포도를 흐르는 물에 조심스레 닦아 식탁에 올리자 탱글탱글한 알맹이가 너무나 먹음직스러워 보입니다.

그 중에 제일 큰 놈을 하나 골라 입안에 넣으니 새콤달콤함이 입안 가득 전해져 왔습니다.

"곁에 있을 때 잘해준 것도 없는데." 그저 소희엄마에게 고마울 따름입니다.

그녀는 특별히 가을을 좋아했어요. 가을을 몹시 타면서도 가을만 되면 때아닌 우울증으로 몹시 힘들어하면서도 이 계절을 무척이나 좋아했지요. 3년전 소희엄마가 저희 옆집으로 이사올 때 여느 집과는 달리 무척이나 책이 많았던 것으로 기억됩니다. 때문에 느낌이 남다른 그녀를 보며 저는 친해지고 싶다는 생각을 했고, 이내 유행과는 무관한 자기만의 옷매무새와 다소곳한 행동, 조곤조곤 말하는 고운 말투의 그녀에게 저는 쏙 빠져들었지요. 아무나 쉽게 다가설 순 없지만 한 사람과 정을 나누면 영원히 변치 않을 것 같은 그런 사람이에요.

그날 이후 저희는 같은 또래의 딸을 둔 엄마로, 예쁜 시와 감미로운 음악을 함께 감상하는 친구로 행복한 생활을 함께 가꾸는 이웃으로 정을 나눴습니다.

 하지만 지난 달 남편의 이직 때문에 소희엄마가 광주로 이사를 가게 되었어요. 어찌나 서운하던지. 다 큰 어른들이 울먹거리며 한참을 손잡고 있었답니다.

 이사가서도 변함없이 예쁜 사랑을 보내오는 소희엄마. 평생동지 같은 소희엄마를 〈꽃 보다 귀한 그대〉에 초대하고 싶습니다. 많은 사람들이 꽃을 보면 마음이 예뻐지듯이 저는 그녀를 보면 각박한 생활에 찌든 마음이 순하고 맑아지거든요.

분홍색 반짝이 별처럼

부산 부산지구 부전 2동 김양희씨 사연 속의 그대입니다.

밤 늦은 시간. 오랫동안 고심을 하다 딸아이에게 조심스레 이야기를 꺼냈습니다. 사정이 여의치 않아 지금 이 집을 팔고 작은 아파트로 이사를 해야 할 것 같다고.

침울하게 제 얘기를 듣던 딸애는 슬며시 일어나 제 방으로 들어가 버리더군요. 뭐라고 말 한 마디라도 하면 제 가슴이 덜 아플 텐데. 닫혀버린 딸아이의 방문을 한참동안 멍하니 쳐다만 보고 있었습니다.

이튿날 아침. 그날 따라 일찍이 일어난 아이는 제게 한 장의 편지를 손에 쥐어주고 학교에 가더군요. 편지를 읽는 순간 가슴에서 무언가 뜨거운 것이 치밀어 올라 한참을 울게 만들었습니다. 이 가을에 받은 첫 번째 편지.

"엄마. 참 오랜만에 제 편지를 받아보시죠? 항상 곁에 계시다는 생각에 제가 잠깐 엄마에게 소홀했었나봐요. 엄마. 요즘 들어 새삼 나는 많은 것을 누리고 있구나 라는 생각을 해요. 아무런 어려움 없이 몸 건강하다는 거, 그리고 제 뒤에는 항상 든든한 울타리가 되어주시는 엄마, 아빠가 계시다는 거, 가족 중에 아픈 사람이 없다는 거, 감사할게 얼마나 많은지. 이런 걸 두고 철이 든다고 하는 건가요? 엄마. 우린 잃은 게 아무 것도 없어요. 재물이란 게 원래 그런 거잖아요. 생겼다가도 없어지는 거. 저는 지금보다 훨씬 좁은 집으로 가게 된다해도 불평하지 않아요. 전혀 속상하지 않다면 순 거짓말이겠지만, 그래도 우린 그대로잖아요. 세상에서 제일 존경하는 우리 엄마, 언제나 미스테리한 남자, 우리 아빠, 반듯한 오빠와 가끔 사고를 쳐서 부모님을 속상하게 하지만 너무나 애교스러운 막내딸, 저.

 엄마, 걱정하지 마세요. 우린 그대로예요."

 분홍색 반짝이 별이 은하수처럼 흐르는 예쁜 편지 속에는 그 별보다 더 많은 사랑과 눈물이 박혀 있었습니다. 삶이란 이처럼 소설보다 더한 감동을 줄 때가 있는 것 같아요. 이 가을, 세상의 모든 축복을 사랑하는 제 딸에게 전해주고 싶습니다.

메추리 식구들

<u>전북 김제시 용지면 최명철씨 사연 속의 그대입니다.</u>

  2남 6녀중 일곱째로 부유하지는 못했지만 화목한 가정에 사랑 받는 아들로 태어났습니다.
  많은 기대를 받고 자랐지만, 그분들이 원하던 위치에까지 오른 사람은 되지 못하고 평범하다 말하기에도 부족한 사회적, 경제적 위치에서 살아가고 있지요.
  어머님은 어릴 적 제게 늘 "이쁜 녀석"이라 하셨고, 전 그때마다 "우리 엄마니까 그렇지. 제발 다른 사람 있을 때 그런 말좀 하지마. 창파하단 말야." 라고 퉁명스럽게 쏘아부치곤 했습니다. 어머닌 서운하신 듯 씁쓸한 미소를 지으시곤 했지요.
  언젠가 이런 얘기를 들은 적 있습니다. 메추리에 간한 얘긴데요. 메추리 어미가 마실을 가다 산으로 사냥을 하러 올라오는 사냥꾼을 만났는데 그 사냥꾼에게 어미는 이렇게 애원을 했어요.
  "제발 산에 올라가 새를 잡으시려면 이쁘게 생긴 새는 잡지 말고 못난이 새만 잡으세요." 그러마!! 라는 답을 듣고 사냥꾼과 헤어져 마실을 갔다온 어미새 사냥을 마치고 돌아가는 사냥꾼을 다시 만나게 되었을 때 그만 소스라치게 놀라게 되는데, 그것은 사냥꾼이 잡은 새는 다름 아닌 메추리 새끼였던 것입니다.

저도 그 옛날 어머니처럼 어쩔 수 없이 메추리와 닮아가고 있습니다. 제겐 26개월 된 딸아이가 있는데 아무리 지치고 짜증이 나고 화가 나도 딸아이만 보면 흰눈이 햇살에 겨워 스르르 녹는 것처럼 쉬이 풀어지곤 한답니다. 제 곁에 철썩 붙어 "이거 뭐야?"를 연발하며 마냥 좋아하는 딸아이, 제게 있어 이것보다 귀하고 소중한 것은 세상 어디에도 없을 것 같습니다.

〈꽃보다 귀한 그대〉 우리 메추리 식구들을 초대하고 싶습니다.

삶의 무게

<u>서울 광진구 자양 1동 이정자씨 사연 속의 그대입니다.</u>

"미안해" 하며 휭하니 돌아서는 남편의 뒷모습을 보며 뭐라 할 말도 잊은 채 그냥 주저 앉아 울고 말았습니다.

지난 15년의 결혼생활, 남편은 하는 일마다 부도를 맞았고, 저는 그때마다 돈먹는 기계라며 무던히도 구박했어요. 차라리 이혼이나 해주었으면 나는 홀가분하게 살아갈 수 있다는 생각에 제발 헤어져 달라고 말했지요. 그럴 때마다 남편은 아무 말도 못한 채 고개만 숙이고 있었습니다.

무엇이든 자신있어 하던 사람. 제 소원은 무엇이든 다 들어준다던 사람, 하고 싶은 것도 많고 꿈도 많았던 사람인데, 지금 그이에게 남은 건 술과 담배, 그리고 수면제뿐입니다. 그 모습이 애초로와 보듬어주고 싶었지만, 여자인 제가 짊어져야 할 삶의 무게 때문에 그러질 못했어요.

결국 남편은 속세를 벗어나 자신이 하고 싶은 일을 해보겠노라면 "미안해"라는 말만 남긴 채 산으로 들어갔습니다. 책과 씨름하며 지나온 날을 거울 삼아 글을 써보겠노라고 떠난 남편. 그때는 아무 말도 못한 채 그렇게 남편을 떠나보냈지만, 정말로 하고 싶었던 말이 있습니다.

"그동안 당신도 얼마나 힘들었는지 알고 있어요. 언젠가 될지는 모르지만, 지금보다 나은 모습으로 아니, 15년전의 자신감 넘치던 그때의 그 청년의 모습으로 되돌아 오기를 바래요. 저도 열심히 마음을 가꾸고 있을께요. 사랑해요."
 〈꽃보다 귀한 그대〉 미워했지만, 절대로 미워할 수 없는 사랑하는 제 남편을 초대하고 싶습니다.

새 어머니의 사랑

부산 영도구 동삼동 김지연씨 사연 속의 그대입니다.

아버지의 사업실패, 가정을 버리신 어머니 때문에 저와 오빠는 큰댁에 얹혀 살아야 했습니다. 하지만 큰댁에도 언니 오빠들이 셋이나 있었기 때문에 저희 남매는 항상 미운 오리새끼처럼 주눅이 들어 생활을 해야 했습니다. 그때 제 나이 5살. 그러던 어느 추운 겨울날. 감기에 걸린 몸으로 집밖에서 학교에 간 오빠를 기다리고 있는데 아버지가 어떤 여자분과 함께 저희들을 데리러 오셨습니다. 그리고 이렇게 말씀하셨지요.

"오늘부터 우리들과 함께 사실 분이다. 어머니라 불러라." 낯설음에 쭈빗쭈빗 몸을 숨기고 있는데 어머닌 제콧물을 손으로 직접 닦아주시며 저를 업고 약국으로 달려 가셨습니다. 그때의 따뜻함. 그 사랑을 전 절대 잊을 수 없을 겁니다.

부모님의 사랑에 굶주렸던 탓에 저는 금새 새어머니와 가까워질 수 있었고, 어머니 또한 저와 오빠를 남들도 부러워할 만큼 친자식 이상으로 사랑을 듬뿍 나눠 주셨습니다.

저희 어머니께선 아이를 낳지 않으셨어요. 동생이 생기면 어머니의 사랑을 뺏길 것 같아 동생이 생기는 게 싫다고 어머니를 붙들고 떼를 썼었거든요.

지금 이렇게 결혼을 하고 임신을 하고 보니 어머니의 그 사랑을 어떻게 보답해 드려야 할지 잘 모르겠습니다. 어머닌 불러오는 제 배를 보고 걱정을 하세요. 아이도 낳아보지 못하셨으면서도 제가 아이를 낳을 때 얼마나 아프겠냐며 눈시울을 적시세요.

아기가 발길질을 하는 배를 만져보시며 저보다 더 신기해 하시는 어머니.

〈꽃보다 귀한 그대〉 저에게 가장 소중한 사람. 저희 어머니를 초대하고 싶습니다.

참외 봉지

<u>전남 여수시 고소동 박정진씨 사연 속의 그대입니다.</u>

제 아내가 아이를 가졌습니다.

남들 같으면 이제 한창 아이 아빠가 된다는 기분에 들떠 있겠지만, 저는 무일푼 백수의 몸이 되어 기뻐할 여유조차 없어요.

며칠 전 여기저기 일자리를 알아보다가 집으로 돌아오던 길에 우연찮게 집 근처의 큰 길가에서 아내의 모습을 보게 되었습니다. 마침 길가에는 어느 아주머님께서 자리를 깔고 참외를 팔고 계셨는데 아내는 그 앞에 서서 멍하니 참외를 바라보는 거예요. 그러다가는 몇 발짝 가다가 또 참외를 한번 돌아보고, 이번에는 또 손지갑을 한번 만지작거려 보다가 또 한번 참외를 돌아보고....

그 모습에 금새 눈물이 나왔습니다.

얼마나 먹고 싶었으면 더욱이 그런 아내를 눈앞에 두고도 주머니에 고작 버스표 몇 장밖에는 들어있지 않은 제 처지 때문에 아내를 부르지도 못한 것이 마음을 더 아프게 했습니다.

아내가 그렇게 가고 나서 전 아주머니께 갔어요. 어학공부한답시고 조그만 카세트 하나 들고 다녔는데 그거라도 맡기고 과일을 사볼 참이었어요. 생각보다 쉽게 아주머니께서는 저를 믿어주셨고 전 참외를 가지고 집으로 올 수 있었습니다. 참외봉지를 받아든 아내는 너무나 행복한 표정을 짓더군요. 점심이나 사먹지 이런 걸 왜 사오냐는 괜한 말과 함께.
　〈꽃보다 귀한 그대〉제 아내를 초대하고 싶습니다. 열심히 뛰어서 꼭 취직을 하겠다고 전해주세요. 조금만 더 믿어 달라구요.

영어 선생님

<u>서울 성북구 길음 3동 양명자씨 사연 속의 그대입니다.</u>

　제 딸아이를 초등학교 때부터 고 1인 지금까지 아무런 조건도, 대가도 없이 시간이 나는 대로 영어를 가르쳐 주신 영어선생님을 자랑하고 싶어 이렇게 펜을 들었습니다.
　선생님이 은혜를 무엇으로 보답해야 하나 늘 생각만 해왔지, 마음뿐이었거든요. 조건없는 사랑이 진짜 참사랑이라고 고마운 마음에 조그만 성의표시라도 하고 싶어 화장지라도 한 통 사들고 가면 오히려 저를 부끄럽게 하십니다.
　그러던 어느 날 얼굴이라도 뵙고 싶어 퇴근길에 들렸어요. 그런데 선생님께서 아끼시던 피아노가 안 보이더군요. 깜짝 놀라 물었더니 아무렇지도 않게 시아버님 병원비가 부족해 충당하느라 팔았다고 하셨습니다. 돌아오는 제 발길을 한없이 무겁고 가슴이 아팠어요. 이럴 때 제 형편이 조금만 여유가 있었더라면 선생님께 힘이 되어 드릴 텐데 라는 생각 때문에.
　제 모두를 다 드려서라도 받은 사랑을 보답하고 싶은 선생님. 사소한 것이지만 뒤늦게 배우고 있는 미용기술 손에 익숙해질 때면 선생님 가족 모두를 예쁘게 해드리고 싶은 마음입니다. 선생님

덕택으로 딸아이는 착하고 바른 길로 향하고 있는 것같아 그저 감사할 따름입니다.

〈꽃보다 귀한 그대〉 영어 선생님을 초대하고 싶습니다.

떡집 동서

서울 성북구 종암 2동 정미자씨 사연 속의 그대입니다.

저는 시댁에 내려가면 서울댁이라는 명칭보다는 떡집 동서라는 이름으로 더 많이 불립니다.

올해도 형님은 주문 받아놓은 송편과 시루떡 그리고 이름조차도 생소한 올개미 떡을 비롯한 수 십 종류의 떡 잔치로 바쁘게 이 가을을 준비하고 계세요.

지난 날을 회상할 때면 입버릇처럼 말씀하시는 시어머님. "그땐 그냥 만져만 보고 줄 테니 돈 십 만 원만 보여달라고 해도 보여주는 사람 하나 없더라." 그렇게 가난했던 홀어머니와 7남매의 맏이에게 시집오신 우리 형님. 모두들 저 살기 바빠 부모, 형제들을 돌보지 못할 때에도 맏이라는 이름 하나로 형님은 온 집안 대소사를 책임지고 계십니다. 급하다는 형제들의 부탁을 외면하지 못해 이쪽에 돈을 마련해주고 돌아서면 저쪽 동생이 슬그머니 돈 부탁을 해대는 상황의 연속이었으니 얼마나 속이 상하셨을지 짐작이 되실 겁니다. 결혼해서 10년. 그렇게 힘든 10년을 보냈는데도 아직도 세상살이가 겁이 나신다는 형님. 하지만, 그건 형님의 생각이실 뿐 형님의 모습은 한없이 강하고 떳떳하기만 하지요.

지난 해였던가요. 낮에는 떡가게에서 밤에는 추석 차례상 준비

때문에 하루종일 허리 한번 펴지 못하고 있을 때 형님이 제게 다가와 밤산책을 나가자고 하시더군요. 집앞 논두렁 위에서 '여자란 무엇인가.' '김씨네 남자들은 왜 그런가.' 한참을 얘기하며 욕도 하고, 웃기도 하고, 그렇게 보냈어요. 그 일로 형님과 더 가까워지는 계기가 되었지요.

이번 추석에도 형님과 은밀한 수다를 하며 보낼 생각을 하니 가슴이 벌써부터 설레이는데...

〈꽃보다 귀한 그대〉 저희 큰형님을 초대하고 싶습니다.

공연장으로 가는 마음

경기 의왕시 고천동 최병미씨 사연 속의 그대입니다.

　주말에 아이들을 데리고 음악회에 다녀왔습니다. 방학숙제로 음악회 다녀온 감상문을 써서 내야 하는데 차일피일 미루다보니 벌써 개학이지 뭐예요. 부랴부랴 저보다 키 큰 아이들 둘을 데리고 공연장으로 가는 제 마음. 몹시 설레이더군요. 사실 지금까지 살아오면서 많은 사람들이 모이는 공연장에 가 본 기억이 손에 꼽을 만큼 적거든요. 하지만 공연장 앞에 가보니 입장권이 없어서 우왕좌왕하고 있는 사람들이 눈에 띄였고, 그때서야 예매는 생각도 못하고 무작정 공연장으로 온 제 자신이 부끄러웠습니다. 그냥 공연 전에만 가면 표가 있을 줄 알았거든요. 아이들은 이제 어쩌냐며 발을 동동 굴렸고 그런 아이들의 모습을 보고 있자니 이대로는 안 되겠다 싶어 입장권을 들고 서 있는 사람들에게 다가가서 살짝 이렇게 말을 했지요.
　"저..... 혹시 표 남는 거 있으세요? 아이들 방학숙제가 있어서요." 한참을 그렇게 하고 돌아다니다 처음 자리로 돌아왔을 때쯤 어느 아주머니께서 "여기 표가 있긴 한데, 2장 뿐이에요. 아이들만이라도 들어가서 보게 하세요" 하시면서 입장권을 건네 주셨고, 아이들은 얼른 표를 받아 "고맙습니다" 큰소리로 꾸벅 인사까지

하더군요.

　암표장사인 것 같아 기분은 별로 좋지 않았지만, 아이들의 기분을 생각해 지갑에서 돈을 꺼내려고 했어요. 하지만, 아주머니께서는 두 손을 저으시며 "아니예요. 그냥 재미있게 보고 가세요. 사실은 나도 그 표 공짜로 얻은 거라우." 하며 극구 사양을 하셨지요.

　잠시나마 호의를 이상하게 받아들인 제 자신이 부끄러워 졌습니다. 시원한 커피라도 대접했으면 좋으련만, 아이들을 들여보낸 후 나와 보니 벌써 가셨더라구요.

　지난 금요일 저녁. 수원 문예회관에서 무료로 입장권을 주신 그분께 다시 한번 고맙다는 인사를 드리고 싶습니다.

　〈꽃보다 귀한 그대〉 그분을 초대하고 싶습니다.

지혜의 마음

<u>인천 연수구 연수 1동 김연숙씨 사연 속의 그대입니다.</u>

　지난주 친정 아버지 생신이라 집안 정리를 대충 해놓고 오후 해질녘에 남편이 운전하는 차를 타고 시골로 향했습니다. 이것저것 반찬거리를 조금씩 싸고 정성껏 마련한 선물을 안고 시골로 향하는 기쁨은 아이들의 흥을 돋구었지요.

　얼마쯤 가고 있을까. 어떤 할머니께서 터벅터벅 힘없이 걸어가고 있는 모습이 보였습니다. 남편과 저는 별 생각 없이 그냥 지나쳤는데 큰아이가 "아빠. 저기 걸어가시는 할머니께서 무척 힘들어 하시니까, 우리가 태워 드렸으면 좋겠어요." 라고 말을 하는 게 아니겠어요. 순간 남편과 저의 얼굴이 화끈거렸습니다.

　"이 동네 사시는 분 일거야. 그냥 가자." 저는 부끄러움에 다시 이런 말을 했지만 큰아이는 한사코 차를 돌려 할머니가 어디까지 가시는지 목적지를 확인하고 오자는 것이었습니다.

　아이의 주장이 너무나 확고해 남편은 차를 돌렸고, 할머니께서는 우리가 가는 곳보다 훨씬 멀리 있는 종점 마을까지 가시는 중이라고 말씀하셨어요. 할머니께서는 아이의 따뜻한 마음이 고마웠는지 아이의 손목을 꼭 잡으시고는 "부지런히 커서 훌륭한 사람이 되라." 라는 말을 몇 번이나 하셨습니다.

늙으면 몸을 움직이는 것만으로도 큰 고생이라며 눈이 어두워 차를 잘못 타서 헤매고 계시던 중에 저희를 만난 겁니다. 어차피 가는 길인데 할머니께서 너무나 고마워하셔서 저희 가족의 마음까지 훈훈해졌습니다. 아이의 바른 성장을 보는 것 같았던지 남편도 기분이 좋아 콧노래를 부르며 운전을 했구요. 그 할머니를 모셔다 드리고 친정 부모님께 그 일을 말씀드렸더니 당신들 또한 이 세상에서 가장 값진 생일 선물을 받은 것 같다고 하시며 흐뭇해하셨습니다.

아이의 아름다운 마음이 더욱 더 예쁘게 피어서 주위를 환하게 밝히는 꺼지는 않는 등불이 되었으면 좋겠어요.

〈꽃보다 귀한 그대〉 8살박이 우리 딸 지혜를 초대합니다.

엄마의 낡은 손가방

<u>인천 계양구 작전 2동 방마리씨 사연 속의 그대입니다.</u>

 이제 몇 개월 후면 한 남자의 아내로, 며느리로 새로운 삶을 살게 될 스물 일곱의 예비 주부입니다.
 시댁의 반대 때문에 어렵게 얻은 결혼 허락인지라 지금도 행여 밉보이지는 않을까 노심초사하고 있지요. 얼마전 시어머니 되실 분의 생신이셨어요. 무슨 선물을 할까 몇 날을 고민하다 고급스러워 보이는 외출가방을 하나 샀습니다. 제 물건을 살 때도, 다른 누구의 선물을 살 때도 그렇게 비싼 것을 산 적이 없었는데 지갑을 든 손이 살며시 떨려오더군요. 그러다 문득 '우리 엄마'의 낡은 손가방이 떠올랐어요.
 평생 단 한번도 당신 스스로 새 옷, 새 가방을 하나 사신 적 없는 어머니. 게다가 늘 남이 입던 헌 옷가지들을 한 보따리 안고 오셔서는 "얘. 이거 봐라. 늬 사촌언니가 작다고 준건데 아직 새것 같지 않냐? 10년은 더 젊어 보이는 것 같다." 하시며 좋아하셨어요. 그러면 저는 옷 한 번 제대로 사드리지 못하는 제 자신에게 화가 나 엄마가 거지냐고 소리를 빽 지르곤 했었지요. 그런 제가 몇 개월치의 생활비를 쪼개 시어른의 선물만을 산 겁니다.
 오늘 전 울고 말았어요. 성당에 저를 위해 기도하러 가시는 어머니! 어머니 손에 들려 있던 가방. 그 동안은 눈여겨 보지 않아 몰랐는데 자세히 보니 엄마의 낡은 손가방은 제가 학교 다닐 때 쓰다버린 다 헤어진 도시락 가방이었던 것입니다. 저 너무 못난 딸이죠?

〈꽃보다 귀한 그대〉 저희 어머니를 초대합니다. 돌아오는 월급날. 이쁜 가방 하나 사서 꼭 드리겠다고, 그리고 '남의 집 며느리로 내주시는 당신의 딸 영원히 당신의 딸'이라고 전해주세요.

방직공장 선생님

<u>전북 익산시 모현 1가 최은희씨 사연 속의 그대입니다.</u>

실 짜는 소리가 하루 24시간 그칠 줄 모르고 돌아가는 방적공장. 그곳의 아이들에게 영원한 선생님으로 남았던 당신. 행여나 힘든 여건 속에서 3년 동안 배움의 굴레에서 떨어져 나갈까 염려하며 며칠씩 결석하며 학교에 돌아오지 않는 아이들을 찾아 밤거리를 헤매고 다녔었지요.

산업체 야간고등학교 선생님이셨던 당신. 그런 당신을 오늘 〈꽃보다 귀한 그대〉라는 자리에 초대하고 싶어 이렇게 글을 띄웁니다.

당신은 언제나 그 아이들에게 다리가 되려고 노력하셨지요. 하지만 회사가 부도나면서 그곳의 근로자이자 학생들은 학교를 잃어야했고, 더불어 당신도 학생들의 영원한 선생님일 수 없는 상황이 벌어졌어요. 그 때 당신이 제게 했던 말. 아직도 생생하게 남아있습니다.

"당장 그 아이들에게 필요한 것은 교육이 아니라 돈일지도 몰라. 하지만, 난 그 아이들에게 꿈과 미래를 심어주고 싶었어. 그래서 마음의 부자가 되면 너무나 행복하다는 사실을 알려주고 싶었지. 근데, 이제는." 말과 함께 돌아앉는 당신의 뒷모습이 왜 그렇게 가슴저리던지….

　당신의 그 아름다운 마음을 하늘도 알아주셨을까요? 당신이 공립학교로 발령을 받던 날 얼마나 기뻐서 울었는지 몰라요. 그토록 학생들을 사랑하고 학생들과 함께 하길 원했던 당신이였기에 언제나 쉬지 않고 학생들을 위해 준비해왔던 노력의 결실이 이제야 비로소 빛을 발하는구나 라는 생각에 너무나 기뻤습니다.

　하지만 당신. 아직도 방직공장의 제자들 때문에 가슴 아파하고 계시죠? 그 아이들에게 꿈을 심어주지 못한 것이 못내 아쉬워 아직도 그 아이들 생각만 하면 너무나 미안해하고 계시다는 거 저도 잘 알고 있습니다.

　하지만 여보, 스승은 꼭 교단에 있어야만 스승이 아니잖아요. 단순한 지식을 가르치는 스승도 중요하지만, 인생을 가르쳐주고 이끌어주는 스승이야말로 진정한 스승이 길이라고 생각합니다. 언제 어디서나 지금처럼 성실하게 사는 당신의 모습, 계속 보여주세요.

　여보. 정말로 사랑해요.

당신의 여자

서울 강동구 길 2동 김옥남씨 사연 속의 그대입니다.

아쉬움은 남지만 싱그러웠던 5월도 어느새 훌쩍 지났습니다.
 그래도 하루하루 최선을 다하며 살고 있다는 생각에 지난 세월이 후회스럽지만은 않습니다. 연애시절 당신과 자주 갔던 어느 한적한 찻집 의자 위에 턱을 괴고 앉아 있으면 어느새 시간은 타임머신을 타고 저를 옛 시간들로 돌려놓곤 합니다.
 그때는 그랬었지요. 돈이 없어도 보는 거, 옆에 있는 것만으로도 행복하다고….
 지원이 아빠, 지난 일요일 식탁에 마주 앉아있는 당신의 모습에서 귀밑 하얀 머리카락을 발견하고는 일주일 내내 쓴웃음으로 보냈어요. 숨가쁘게 달려왔던 지난 날들이 그리 헛되지만은 않았지만 그 머리카락을 보고 있자니 자꾸만 가슴이 아려왔어요.
 저는 혼자 아이들을 키우느라 뒤 한번 여유 있게 돌아보지 못한 채 시간에 허덕여야 했고 당신 역시 지방의 낯선 객지에서 홀로 생활하는 주말부부 6년째이니 가슴이 아플 수 밖예요.
 문득 창문 너머 보이는 새파란 은행잎이 풋풋하게 느껴지면서 눈물이 왈칵 쏟아질 것 같습니다. 은행잎이 노란 옷을 입고 쓸쓸하고 스산한 날씨와 함께 땅 위에 떨어지게 되면, 또 그렇게 세월은 어디론가 달아날 것만 같아서 그런가봐요.

 지원이 아빠! 정말 저는 당신을 사랑하고 또 사랑하나 봅니다. 당신과 함께 할 수 있는 시간이 점점 더 사라지고 있다는 생각을 하면 눈물이 앞서거든요. 햇빛 따라 움직이는 해바라기처럼 저는 당신의 미소와 따뜻한 마음과 사랑으로 움직이는 당신의 여자이기에 오늘도 당신이 있는 그곳을 향해 고개를 돌려봅니다.

 더 멋진 내일을 위해 날개를 달고 함께 날 수 있는 그날을 위해 우리 조금만 더 힘내요 여보.

결혼 10년만에 다시 쓰는 연애편지

<u>서울 노원구 월계 1동 장기만씨 사연 속의 그대입니다.</u>

사랑하는 사람이여.

우리가 결혼한 지 벌써 10년 가까운 세월이 흘러갔고 세월의 흐름만큼이나 우리의 사랑도 더욱 깊어졌소.

경주씨! 우리의 첫 만남을 기억하고 있는지 모르겠소. 주머니에 양손을 찔러 넣고 고개를 숙이고 걷던 나에게 "안녕하세요" 인사를 하던 커트머리의 귀여운 숙녀는 너무나 강한 인상을 심어주었소. 그러고는 드러내 표현하지 못하고 주변에서 맴돌던 2년—.

경주씨! 내가 왜 당신하고 결혼하려고 마음을 굳혔는지 아오? 그해 겨울 눈이 많이 오던 날 치악산에 가기로 하고는 당신이 뒤늦게 온 적이 있었잖소. 우리 일행은 당신을 기다리다가 먼저 출발하였고 먼저 가면서 나는 친구에게 이렇게 말했소. "경주씨가 현명한 여자이고 나와 인연이 된다면 뒤늦게라도 쫓아와 우리들이 있는 골짜기를 찾아낼 것이라고."

정말 당신은 두 시간 뒤에 머리에 눈을 가득 이고서 나타났는데 그때 그 모습은 너무도 반갑고 아름답고 대견해 보였소. 저 정도로 융통성 있고 주변머리 있는 여자를 놓치면 안 된다고 굳게 마음 굳히게 되었소.

첫눈이 오는 날은 자동적으로 만나자고 약속했던 장소를 착각하여 서로 어긋났고 티격태격했던 그 순간, 결혼을 마음먹고 난 이후의 본격적인 만남, 그리고 프로포즈할 때 피식 웃으면서 농담인 듯 바라보는 당신의 표정, 함박눈이 내린 어느 달밤 들판에서의 첫 입맞춤. 이 모든 추억들이 눈에 선하구려.

결혼 직후 6개월. 서용이를 낳고 나서 5개월 가량 떨어져 있던 기간이 우리의 사랑을 더욱 깊게 했던 것 같소. 물론 당신에게는 힘든 기간이었겠지만 인생 후배들에게 너무 긴 기간만 아니라면 부부가 떨어져 지내는 것을 두려워하지 말라고 자신 있게 충고할 수 있소.

떨어져 있으면서 주고받는 편지—. 그 편지를 통한 감동은 마주 보고 앉아서 하는 대화 이상의 무한한 가치를 가지고 있다고 말이오. 가진 것은 없어도 마음만은 풍족한 우리들. 내가 비록 무뚝뚝하기는 하지만 당신에 대한 사랑은 항상 변함이 없소.

이런 내 마음의 편지를 꽃보다 귀한 그대의 생일에 선물로 보내오. 사랑하오.

노란 금반지

<u>경기 고양시 화정동 최순옥씨 사연 속의 그대입니다.</u>

저희 시부모님은 9남매를 낳으셔서 지금은 모두 출가시키고 두 분만 고향에 살고 계십니다. 두 분은 자식들과 살기를 원치 않으신 답니다. 행여 자식들에게 누가 될까 싶으셔서 그러시겠지요.

저는 넷째 며느리입니다. 시댁에서 그리 멀지 않은 곳에 사는 저는 자주 찾아 뵙고는 있지만 항상 부족한 점이 많은 것 같아 속만 태우고 있어요.

며칠 전에 시댁엘 갔더니 어머님께서 저에게 노란 금반지를 주셨습니다. 무슨 반지냐고 여쭈었더니 남편이 총각 때 해드린 반지라고 하시더군요.

"늙은이가 반지는 끼어서 뭐하냐" 면서 제게 주시는 반지를 받아 손가락에 끼어보니 맞추기라도 한 듯 딱 맞았습니다. 그 반지는 20년도 더 지났건만 얼마나 아끼셨는지 새 것 같아 보이더라구요. 그 동안의 자식에 대한 어머님의 사랑 때문에 그렇게 빛이 나듯 말이에요.

한사코 저보고 가지라는 어머니와 실랑이 끝에 저는 이렇게 말씀드렸습니다. "어머니! 저를 꼭 주시고 싶으시면 오래 오래 끼시다가 나중에 주세요. 그러면 되잖아요."

아무 말 없이 지켜보던 남편은 집으로 돌아오는 길에 제 머리를 쓰다듬으며 고맙다고 말하더군요. 꽃보다 귀한 그대의 아버님, 어머님이 오래 오래 건강하게 사셨으면 하고 바랄 뿐입니다.

천사 같은 아랫동서

서울 강동구 둔촌동 김영희씨 사연 속의 그대입니다.

 아름다운 그녀, 행복을 나눠주는 그녀, 화장기 없는 얼굴이 너무나도 예쁜 그녀, 정말 꽃보다 귀한 그녀의 이름은 홍선순, 제 동서입니다.
 전라북도 임실군 갈담리, 그 조그만 마을에서 시어머니를 모시고 사는 서른 일곱의 그녀는 우리 가족 모두에게 행복을 주는 귀한 여인이에요.
 그녀는 결혼 전 어머니와 같이 살던 넷째 시동생과 결혼한 후 9년째 계속 어머니를 모시고 살고 있어요. 그 동안 불편한 재래식 농가에 살면서도 한 마디 불평도 없었고, 때마다 다섯 가족이 모여서 지낼 때도 얼굴을 찡그린 적이 없답니다.
 작년에는 그간 땀흘려서 모은 돈으로 반듯한 새집을 지었는데, 당신이 돌아가시기 전에 좋은 집에서 살고 싶으시다는 팔순 시어머니의 소원을 풀어드리기 위함이었어요. 형제들이 조금씩은 도와주었지만, 쓰레기 봉투 하나 만들지 않고 버리는 물건 하나 없이 쓰는 동서의 절약정신 덕분이었어요.
 직장에 다니는 남편을 둔 여인이지만, 몇 년 전부터 어머니 건강이 좋지 않아 농사일까지 도맡아하면서 거둬들인 농작물은 모두

형제들 숫자대로 나눠주기에 바쁜 사람이에요.
천사 같은 동서 하나로 우리 가족은 너무나 행복하답니다.
욕심 없고, 순수한 우리 동서의 소박함. 꽃보다 귀한 그대에 초대할 만하죠?

저 터널 끝에만 가면

<u>전북 전주시 완산구 지혜순씨 사연 속의 그대입니다.</u>

도련님께.
 형에게만 매달리고 의지하며 살다가 어느 날 형의 손을 놓쳤을 때 너무도 막막하고 무서웠습니다. 단지 아이들 손만은 놓쳐서는 안 된다는 의지 하나로 끝이 어디인지도 모르는 긴 터널을 들어설 때에는 말 그대로 앞이 하나도 보이질 않았지요.
 그래도 저 터널 끝에만 가면 형이 기다리고 있을 거라는 희망과 믿음으로 아이들의 손을 잡고 한 발 두 발 걷다보니 주위 사람들의 사랑과 용기로 외로움과 두려움과 무서움을 잊어버리고 열심히 살았습니다.
 도련님! 이제는 긴 터널을 지나 햇볕이 조금 보이네요.
 도련님, 이제서야 옆도 보고 뒤도 돌아보니 지금까지 언제나 뒤에서 버팀목이 되어준 도련님의 힘이 컸다는 것을, 언제 어디서든 손만 내밀면 버팀목이 되어준 도련님이 있어서 여기까지 오게 되었다는 것을 알게 되었습니다.
 도련님! 고맙습니다.
 주위에서 말없이 사랑을 주신 분들에게 부모님의 건강을 빌면서 언제나 열심히 살아가는 모습 보여드리겠습니다.

모두에게 감사한 마음입니다. 말없이 건강하고 착하게 엄마를 따라온 아이들에게도 고맙다는 말을 전하고 싶습니다.
도련님, 어서 예쁘고 착한 동서 만나서 행복한 가정 이루시길 두 손 모아 빌어봅니다.

어린아이 같은 순수함으로

서울 동대문구 장안 3동 유안순씨 사연 속의 그대입니다.

 98년 새해 초일 거예요. 퇴근 후 새해 달력을 하나 들고 집에 오더니 큰소리로 "푸하하!" 웃던 동갑내기 우리 신랑!
 힘있는 손놀림으로 하얀 달력을 몇 장 휙휙 넘기더니 어디엔가 까맣게 옷을 입히며 그 아래에 무어라 잔뜩 메모를 하더군요. 저는 얼른 일어나서 까맣게 칠해 놓은 숫자와 눈을 마주쳤어요. 그랬더니 글쎄 '세상에서 가장 잘 생기고 존엄하신 사랑하는 서방님 생신. 짠짜잔' 이렇게 써 놓은 거 있죠.
 그날이 바로 12년만에 돌아온다던 윤달 5월 1일 그이의 진짜 생일이었습니다.
 제 남편은 이래요. 뭐든지 어린아이 같은 순수함으로 저를 웃게 만들어요.
 한계령을 사랑하는 그이를, 개구리 소년 흉내내기를 즐기는 그이를, 호출기에 꽃타령 민요를 녹음해놓던 그이를 사랑한다고 전해주세요.

엄마의 자리

<u>서울 서초구 서초동 박영의씨 사연 속의 그대입니다.</u>

아주 어렸을 때 고모님께 몇 번 편지를 썼던 기억이 전부인데, 30년이 훌쩍 넘어서 쓰려고 하니 어색해 지네요.

우리가 어려웠을 때, 엄마의 자리가 꼭 필요할 때마다 구세주 같이 도와주셨던 고모님―. 제가 처음 살림을 시작할 때, 신혼부부 이불이 걱정된다면서 머리에 하얀 솜을 뒤집어 써 가시며 손수 이불을 만드셨던 고모님―. 아이 낳을 때도 끝까지 저를 지켜주시고 위로와 격려를 아끼지 않으셨어요. 아이 울음소리를 듣고 "이제 해냈구나!" 큰 숨을 토해 내셨던 고모님―. 산후 조리 때도 엄마가 안 계신 조카딸 허기질까봐 미역국에 집안청소며 빨래까지, 삼칠일을 출근하다시피 했던 그때를 생각하면 눈물이 납니다.

결혼식 때도 엄마가 계셨으면 해야 할 일들을 그 아픈 다리 이끄시고 조카딸 시댁 식구한테 책잡히지 않으려고 정성 들여 만들어주신 폐백음식. 예식장 엄마의 자리는 비어있었지만, 그래도 고모님의 엄마 같은 따뜻한 마음이 있어서 그나마 환하게 웃으면서 축복을 받았어요. 고모님, 전 늘 고모님께 받기만 했지, 지금까지 해드린 것이 하나도 없어요. 늘 마음 한 구석엔 고마움과 든든한 마음은 있었지만 뵐 때마다 표현이 부족했나 봐요.

그래서 이렇게 글에다 제 마음을 옮겨 봤어요.

큰 형님의 모습

부산 부산진구 개금동 박능숙씨 사연 속의 그대입니다.

첫 추위가 몰려온다던 한 달 전. 저는 시누이 둘과 서울행 기차를 탔습니다. 큰 아주버님께서 심장수술이 재발되고 뇌수술까지 겹쳤다는 소식을 듣고 병 문안을 가는 길이었습니다.

중환자실에 계신 아주버님은 면회조차 허락되지 않았고, 여러 명이 합숙하는 중환자 대기실에 웅크리고 앉아 계신 큰 형님을 보는 순간, 왜 그렇게 눈물이 나던지요.

제가 형님을 만난 지도 14년이 넘었는데, 형님은 한 번도 눈물을 보이신 적이 없었습니다. 언제나 밝게 웃으셨고 긍정적인 사고를 하도록 저에게 가르쳐 주셨는데, 요즘은 그런 형님의 모습을 볼 수가 없습니다.

형님과 저는 8남매의 맏며느리와 막내며느리로 인연의 끈을 맺었습니다. 시집을 와서 처음으로 형님과 제가 시장을 갔을 때, 시장 아주머니는 "어머! 딸인가 봐요. 어쩜 저렇게 닮았을까." 하고 말한 적도 있었습니다. 우리는 마주보며 슬며시 웃었던 기억이 납니다.

시할머니의 제삿날, 덤벙거리던 제가 까맣게 잊고 집에서 책이나 읽고 있을 때, 형님이 전화로 일러줘 부리나케 시댁엘 내려갔어요. 잔뜩 기가 죽어 있는 제게 "온다고 욕봤다, 물부터 마시거라." 하시면서 인자하게 맞아 주셨어요.

 형님은 늘 그랬습니다. 형님은 좋은 것만 바라보시는 좋은 눈을 가지셨고, 형제 자매간의 다복한 정을 이어 놓으신 것도 다 형님이 애쓰셨다는 것을 이제 마흔을 바라보는 나이에 깨닫습니다.

 형님을 혼자 보호자로 남겨 두고 떠나올 때, 야윈 손을 흔드시다 눈시울이 붉게 물들었고 드디어 옷소매를 훔치시며 돌아서는 형님의 모습이 내내 마음에 걸렸습니다.

 형님, 우리 칠 남매 아주버님의 회복을 진심으로 빌고 있습니다. 부디 용기 가지시고 힘내세요.

누나의 편지

서울 중랑구 신내동 서덕형씨 사연 속의 그대입니다.

맑은 웃음이 찬란한 햇살 같은 우리 누나, 하얗게 드러난 이가 참 예쁜 우리 누나. 가끔은 힘에 겨워도 우리를 위해 애써 감추고 마는 우리 누나를 꽃보다 귀한 그대에 초대합니다.

수험생인 둘째 누나와 저를 뒷바라지하느라 고생하는 우리 누나는 힘든 업무에도 직장상사의 질책에도 동생들의 투정 섞인 말에도 짜증내지 않고 받아들이는 바보 같은 누나입니다.

제가 군에 입대한 지 벌써 일 년이 지났지만, 늘 제 곁에 있는 것만 같은 느낌. 아마도 누나는 언제나 저를 염려하고 걱정하고 있기 때문이겠죠.

꼬박꼬박 염려 섞인 누나의 편지를 받을 때마다 미안한 마음이 앞섭니다. 남동생인데도 보살펴준 건 전혀 없고, 늘 누나 속만 태우던 저에게 항상 따뜻한 말과 위로의 말을 잊지 않았던 누나—.

비굴하지 말고 세상이치에 맞게 살라고 입버릇처럼 저에게 말해주던 누나의 소리가 얼마나 귀하고 중요한 말이었는지 이제야 알 것 같습니다. 다시는 누나에게 아픈 상처를 주지 않고 누나의 말처럼 사랑하고 봉사하면서 살겠습니다. 그리고 언제나 누나 곁엔 든든한 동생이 있다는 믿음을 주면서 말입니다.

남편의 첫 편지

광주시 서구 쌍촌동 조민정씨 사연 속의 그대입니다.

저의 부부는 동성동본으로 결혼 당시 어려움이 많았어요. 그러나 많은 난관을 극복하고 올해로 결혼 6년째를 맞았습니다. 남편은 24시간 근무를 하고 24시간 휴식을 하는 직장에 다니고 있습니다.

부서 이동으로 철야 근무를 한 지 두달이 다 되어 가는데, 남편을 보고 있으면 남들 일할 때 일하고, 잘 때 잘 수 있는 것이 얼마나 축복인지 깨닫게 돼요. 하지만 아직도 불규칙한 생활에 적응하지 못해 힘겨워하는 모습을 보면서 새삼 가장의 힘겨움을 느낍니다.

추위도 잘 타는 사람인데 밤에는 어떻게 일을 하는지…. 이것저것 사소한 부분까지 신경을 쓰게 돼요. 하지만 남편은 요즘 같은 때 내가 할 수 있는 일이 있다는 것이 얼마나 다행한 일 아니냐며 힘든 내색은 하지 않아요. 어제는 밤에 썼다며 처음으로 제게 편지를 건넸습니다. 고맙다는 말과 사랑한다는 말, 너무나도 일상적이고 흔한 말인데도 어찌나 감격스럽고 눈물이 나던지. 장난으로 제가 그랬어요. 우리 집 가보로 남겨야 하겠다구요.

자신의 단점을 알고 고치려고 노력하는 남편. 가족을 위해 언제나 헌신적인 남편. 이런 남편이 다가오는 서른 여섯 번째 생일날 저도 고백을 할 거예요. 정말 멋진 제 남편을 사랑한다구요.

아내의 양산 하나

경기 구리시 교문동 석연옥씨 사연 속의 그대입니다.

　지난 일요일. 해가 저문 후 남편과 시장에 나갔습니다. 며칠 전부터 그냥 눈으로만 찍어둔 임신복이 있었는데, 남편이 그걸 사러 가자는 겁니다. 어느새 6개월로 접어든 제 배는 이제 평상복으로는 가리기가 힘들어졌지만 그래도 출산하고 나면 그만인 옷을 꼭 사야하나 싶어 망설이고 있었는데, 편한 옷을 입어야 아기도 편하다며 저를 설득하는 남편을 따라 못이기는 척 따라 나섰지요.
　근데 일요일이라서 그런지 가게가 문을 닫았더라구요. 이왕 나온 거 모처럼 남편이랑 시장 데이트나 해야겠다 마음먹고, 이리저리 구경을 하는데 남편이 갑자기 양산가게 앞에서 발을 멈췄어요. 3단으로 곱게 접힌 양산을 하나하나 세세히 살펴보며 제게 연한 장미꽃 무늬가 있는 양산 하나를 건네더군요.
　"무슨 내 주제에 새 양산이야." 라고 말해봤지만 남편은 막무가내였어요. 결국 주인아저씨의 눈치 때문에 양산을 사들고 가게를 나섰고, 전 가게를 나오자마자 화를 버럭 냈지요.
　"당신은 왜 그렇게 철이 없어." 사실 옷도 아닌 양산은 지금 저희에게 있어 사치품이니까요.
　"……난 계속 생각하고 있었어."

남편은 그제야 평소에 제가 들고 다니는 10년이 다 되가는 낡은 양산을 보고 많이 속상했었다는 말을 했습니다. 무늬도 촌스럽고 실밥도 너덜거리고 이단밖에 접히지 않아 항상 손에 들고 다녀야 하는 오래된 내 양산. 다른 건 못해줘도 꼭 양산만은 이쁘고 삼단으로 접혀 가방에 쏙 들어가는 걸로 하난 장만해주고 싶었답니다. 저렇게 속 깊은 남편을 그 동안 닥달만 했으니……. 이젠 좀 느긋하게 사랑을 해야겠습니다.

저를 이쁜 양산 하나로 여왕과 같이 만들어준 제 남편을 〈꽃보다 귀한 그대〉에 초대하고 싶습니다.

놀이방 선생님

서울 서대문구 남가좌동 박혜순씨 사연 속의 그대입니다.

자정이 넘은 시간. 옆에서 천사 같은 얼굴로 잠들어 있는 딸아이를 보면서 감사의 마음을 전하고 싶은 이가 있어 펜을 들었습니다.

두툼한 기저귀, 걸음마도 서툰 첫돌이 막 지난 딸아이를 업고 찬바람 맞으며 맡길 곳을 헤매던 날. 우연하게 '동그라미 어린이집' 문을 두드리게 되었습니다.

원장 선생님을 만나 뵙고 불과 몇 분의 대화 속에서 전 느낄 수 있었습니다. '아이를 정말 사랑하는구나' 정말 아이를 사랑하는 귀한 마음이 없이는 억만 금을 준다 해도 결코 쉽게 할 수 없는 일이라는 것을….

아침마다 울며 떼쓰는 아이를 보내놓고 뒤돌아 서서 울어야 했던 지난날을 돌아보면 선생님의 변함없는 사랑 앞에 엄마인 제 자신이 부끄러웠던 적도 많았어요.

아침 일찍 직접 차량 운행으로 하루를 시작해 영양 식단도 손수 챙기시고 저녁 늦게까지 반복되는 차량 운행. 쉴 틈 없는 시간을 보내 시면서도 아이가 아프기라도 하면 제 아이처럼 안타까워하며 병원엘 데려가세요.

저희 딸이 이처럼 건강하고 예쁘게 자랄 수 있었던 것은 모두 선생님 덕분이에요. 사랑스런 아이들의 엄마 모두 마음 편하게 일할 수 있는 것도 이렇게 뒤에서 애써주시는 선생님의 큰사랑이 있기에 가능하답니다.

요즘 많이 힘들다는 이유로 교육비도 제때 못 드리고 있는데, 죄송한 마음과 함께 전혀 내색하지 않는 선생님의 배려에 그저 감사할 뿐입니다.

불쌍한 사람

부산 북구 만덕동 김현주씨 사연 속의 그대입니다.

소파 위에 다리를 웅크리고 잠이 든 남편의 얼굴을 바라보다 찔끔 눈물이 납니다. 가슴이 아려와서 남편의 머리를 쓰다듬어 봅니다.

저녁에 갑자기 방문하신 친정 부모님이 귀가하신 지 1시간이 지났어요. 남편의 조그만 실수를 아버지께서 바로 잡아 주시며 꾸중 하셨는데 남편은 내가 잘못했지만 속상하다고 했어요. 그리곤 집에 남아있던 양주를 한 잔 마시더니 이내 잠이 들었어요.

술을 입에 대기 싫어할 정도로 술을 못 마시는 남편이 자진해서 술을 마실 만큼 마음이 무척 심란한가 봅니다.

'아버지'란 이름을 가진 어른으로부터 꾸중을 들었으니 심장이 쿵하는 느낌이 드는 남편의 그런 심정 충분히 이해가 가요.

남편의 아버지인 시아버님은 남편이 여섯 살 때 하늘나라로 가셨어요. 그러니 남편에게 아버님에 대한 추억이 제대로 남아 있을 리 없겠죠. 남편은 여태까지 아버님에 대해서는 한 마디도 해주질 않았어요.

불쌍한 사람—

말은 안 해도 아버님에 대한 그리움이나 존재를 얼마나 가슴에 지니고 있을까요. 남편의 머리를 가만히 쓰다듬다가 들어가서 자라며 남편을 깨우니 잠에 취해서 옆에 있는 저를 꼬옥 껴안습니다.

결혼 후 처음으로 측은한 모습을 보인 남편의 숨소리를 들으며 더욱 더 남편에 대한 애틋한 사랑을 느꼈습니다.

어머니 같은 스승

<u>경기 화성군 태안읍 김기매씨 사연 속의 그대입니다.</u>

　FM을 들으면서 늘 초대하고 싶은 분이 계셨어요. 16년 전 제 중학교 때 스승이신 이옥란 선생님이 그 분이세요.
　전 국어가 어려워 수업시간에 말썽도 부리고 장난도 많이 쳤지만 저에게 관심과 사랑을 주셨던 어머니 같은 스승님이셨어요.
　선생님과의 만남으로 국어시간이 기다려졌고 제일 재미있는 과목이 되었어요.
　83년 8월부터 시작된, 보물처럼 간직한 60여 통의 글들은 스승님을 뵙고 싶거나 생활이 힘들 때면 가끔씩 펼쳐 봅니다. 그러면 힘있고 정겨운 모습이 다가와 하늘을 보고 마음을 바로 잡습니다.
　작년 9월이었어요. 선생님을 그냥 뵙고 싶은 마음에 연락도 없이 길을 떠났어요. 언제나처럼 반갑게 맞아 주시는 선생님, 그 시절의 제 나이만큼의 학생들을 가르치시고 좋아하는 시, 좋아하는 난으로 가득한 교실… 선생님과 함께 학생들의 발랄한 모습을 보니 감회가 새로웠습니다.
　졸업할 때 선생님은 칠판 가득 "여자는 물이다" 하셨어요. 그때보다 조금 더 살았고, 앞으로 넘어야 할 산이 많은 지금에야 이 말의 참 뜻을 알 것 같아요. 선생님 지금도 너무 뵙고 싶네요.

봄이 되길 얼마나 기다렸는지요

서울 서초구 방배동 윤양금씨 사연 속의 그대입니다.

봄이 되면 제가 가장 기다려지는 일이 있어요.
겨울에 입대한 남동생의 첫 휴가이거든요 저와 6살 차이가 나는 남동생은 지난 11월 23일 군에 입대했습니다.
남동생 용완이가 입대하기 전까지 너무나도 가슴 아픈 시간을 보내야만 했어요. 동생은 고 3 여름방학 때부터 실업고등학교 특성상 취업을 나왔어요. 그때부터 결혼한 누나인, 저희 집에서 생활을 하게 됐어요.
그에게 따로 집을 얻어 줄 형편이 못되었던 터라 그렇게 남동생은 사회생활을 시작하게 되었고 5개월 동안 야근까지 하며 힘든 직장생활을 열심히 했어요.
그렇게 한 눈 팔지 않고 돈을 벌었고 다음해 3월 자기가 번 돈으로 대학에 입학을 했어요. 어린 나이에 동생은 집안 형편을 너무나도 잘 헤아렸고 자기 스스로 해결해 나갔어요.
그러나 동생의 꿈에 부푼 대학시절은 오래 가지 못했습니다. 겨우 1학년 1학기만 마치고 휴학을 해야 했습니다.
친정 집에서 어떻게든 2학기 등록금은 준비해 준다고 했으나 동생은 고민과 고민을 거듭한 끝에 군 입대를 결정했어요. 힘들어

하고 방황하던 동생, 담배도 못 피우던 동생은 언제부터인가 저몰래 담배를 피우기 시작했어요.

　정말 지금 생각해도 미안하기만 한 일, 동생이 입대할 때 후회를 했고 동생의 첫 편지가 얼마나 절 서럽게 하던지….

　함께 데리고 있으면서 한 번도 마음 편하게 해주지 못했던 일이 제 가슴 한 구석에 자리하고 있답니다.

　추운 겨울에 지원해서 입대한 동생이 어느새 의젓한 군인이 되어 이번 3월 25일 첫 휴가를 나옵니다. 정말 너무도 보고싶고 그리운 동생 용완이 누나가 이렇게도 너를 걱정했고 사랑하고 있음을 꽃보다 귀한 그대에서 전해주고 싶어요.

아름다운 그림

<u>서울 금천구 독산동 이은정씨 사연 속의 그대입니다.</u>

제가 중소제조업에 몸담고 근무한 지 벌써 10년. 지금까지도 잊혀지지 않고 남아 있는 '아름다운 그림'이 있답니다.

태유산업이라는 작은 사회의 일원이 되기 위해서 두근거리는 가슴으로 첫발을 디딘 날이었습니다. 간부와 사원, 다해서 50명 정도 되는 인원을 중심으로 현장에서 회장님, 사장님이라 불리는 제일 어른이신 분들이 검은 기름때가 얼룩져서 반짝반짝 윤이 나는 작업복을 입고 계셨어요.

철컥철컥 돌아가는 기계 음을 음악으로 벗삼아 종업원들과 상하 직위 구분 없이 웃음 지으며 열심히 일하시는 모습, 저에게는 감탄의 소리가 절로 나올 만큼 잊지 못할 감동을 주었어요.

이렇듯 직원 모두의 근면함과 성실함 때문에 힘들다고 한숨을 쉬는 이 어려운 시기에도 불구하고, 시장 불경기는 저희 회사만 비껴 가는 것처럼 물건 만들기에 분주하고 또 많은 물량은 아니지만 간간이 수출도 하는 역군으로서 자부심과 일하는 보람을 안겨 주고 있어요. 그보다 더 고맙고 감사한 것은 단 한 사람의 감원도 없이 지난해에 회사 창립 25주년을 맞았습니다.

반세기 동안 쓰러지지 않고 굳건히 발전해 온 밑거름은 회장님과 사장님의 노력과 성실함, 그리고 넓고 깊은 사랑과 따뜻한 정으로 직원들의 기쁨과 슬픔을 감싸주셨기 때문이 아닌가 싶습니다.

  두 분은 저를 비롯한 태유산업 모두에게는 꽃보다 귀한 그대들이십니다.

아버지의 사랑 앞에

<u>서울 영등포구 당산동 박윤선씨 사연 속의 그대입니다.</u>

아버지, 지금까지도 그러하셨고 앞으로도 '6남매 아빠'로 불리실 아버지—. 가슴속 깊이 아빠의 사랑이 자리잡고 있음을 새삼 느낍니다.

벌써 환갑을 맞으셨는데, 막내 수능시험 볼 때까지 일을 해야 한다며 아직도 일손을 놓지 않고 계시는 아버지를 생각하면 눈물이 납니다. 앞머리 틈 사이로 숨어 있는 잔주름이 어느새 굵은 주름으로 변해 갈 때도 저희는 모르고 있었습니다. 거친 바다 바람에 묻어버린 손과 발, 모든 게 기나긴 세월동안 아버지가 고생하셨음을 보여줍니다.

아버지의 사랑만 받고 살다보니 저희들은 그 사랑을 보답해야 한다는 걸 잊어버리고 살아왔습니다. 다리가 불편하시다고 했는데, 전화도 자주 드리지 못했습니다. 때론 아버지의 사랑조차 잊고 지내 왔습니다.

저희 6남매 키우시느라 좋은 세월 다 보내시고 얼마전 단 하루 행복한 날을 보내셨습니다. 환갑을 맞이하신 아버지 때문에 온 식구가 모여서 북적댈 때 저는 아버지의 행복한 얼굴을 보았습니다. 저희 6남매 지금까지 큰 문제없이 늘 아버지의 보살핌으로 여기까지 오게 해주신 것, 이렇게 곱게 키워주신 것 진심으로 감사드립니다.
앞으로 저희들이 잘 보살펴드릴 일만 남았습니다. 아버지께서는 저희가 행복하게 사는 것이 가장 큰 효도라고 생각하시겠죠.
아버지, 아버지의 가르치심대로 행복하게 잘 살 거예요.

우리는 무엇으로 사는가
....

지은이 / MBC FM「가요응접실」
펴낸이 / 양계봉
만든이 / 김진홍
펴낸곳 / 도서출판 전예원
주   소 / 서울 서초구 우면동 476-2 · 우편번호 / 137-140
대표전화 / 571-1929
팩 스 / 571-1928
등   록 / 1977. 5. 7 제16-37호

제1판 제1쇄 인쇄 / 2000년 3월 25일
제1판 제1쇄 발행 / 2000년 4월 1일

값 7,500원

ⓒ MBC, 2000
ISBN 89-7924-090-2 03810